JN220857

加藤時計店

LIO
Hotel
力歐Hotel
Sony α 專業鏡頭群
從照相到錄影　滿足無限可能
SONY
RICOH
RICOH
RICOH
RICOH
SONY
玖華攝影器材
Lio Ho
延平南路
Camera
ZEISS
安全帽

時をかける台湾Y字路

記憶のワンダーランドへようこそ

まえがき

Y字路をめぐる最初の記憶は、小学生時代にさかのぼる。

わたしが当時住んでいたのは、山口県の山陰側にある小さな温泉まちである。時は1980年代前半、明太子工場から流れでる鮮血のように生臭い排水がじかに川へと流れこみ、出で湯は歓楽的な喧騒（けんそう）のように湧いて、ほのかに開いたキャバレーのドアの隙間から、これも明太子のような紅い灯の向こうに白い乳房と太ももが透けてゆらめいてみえた。

家から遥か彼方にあった小学校からの帰り道、明太子色の川にかかる橋を渡ると、そこにY字路があった。

Y字路の左右どちらを進んでも、海をのぞむ高台にある我が家までたどり着くが、低学年のころは通い慣れた右側の通学路を歩くのが常だった。しかし学年があがると、左の道を途中まで共にできる友人があらわれた。少しの時間でもたくさんその子と一緒にいたくて、左の道をよく帰った。しかし学校から定められた通学路は右の道だったから、左をゆくには罪悪感がつきまとった。そのうえ、左の道から家にたどり着くまでは、右の道から帰るよりもずっと過酷な「心臓破りの坂」があった。野犬の群れに追われたことさえある。それでもよく、こっそりと左側の道を選んで歩いた。

行きはよいよい、帰りはこわい。右に行こうか、左にいこか?

これがわたしのY字路についてのコンブレーである(20年ほど後にふたたびわがコンブレーを訪れたが、すでに川は明太子色でなく、家から学校までは印象ほど遠くなかった)。

*

思えばこれまで無数のY字路にさしかかり、右か左かを選んできた気がする。13年前も、わたしは大きなY字路の前に立っていた。そして結婚という事件に背中を押されて「台湾」へとつながる道のほうに歩を進めた。それまでは台湾で暮らすようになるなんて、思ってもみないことだった。

台湾にきてから、わたしの人生観を大きくゆさぶる出来事があった。初めて会った夫の大伯父からかけられた一言である。

「わたしは、忘れられた日本人なのです。」

台湾の日本時代に生まれた大伯父は、日本帝国軍人としてフィリピンへも出征していた。日本が台湾を植民地にしていたことは朧気(おぼろげ)ながら頭にあったが、日本人として生まれ日本人として大きくなったのにもかかわらず、終戦ですべて失った人たちがいること、そして日本ではそれらのことがほとんど知られることなく、学校で教えられてもいないことに言いあらわせないほどショックをうけた。加えてなにも知らない無知な自分を、恥ずかしく腹立たしく思った。台湾のことをもっと知りたくて、本を読んだり日本語世代と呼ばれる方々の勉強会に参加して話を聞くようになった。知ったことを伝えたいという思いがつのり、執筆活動を始めた。そんなときわたしの眼前に現れたのが、台湾のY字路たちだった。

*

MRT古亭駅ちかくのとある居酒屋を取材した帰り、ふとお店のほうをふりかえったら、そこがY字路になっていた（26頁「ファーストY字路」参照）。木造の日式住宅と中華風の派手な廟とキリスト教の教会と多様な文化がミックスして混沌とした面白さがあり、夜だったことも相まっていかにも横尾忠則さんのY字路シリーズを思わせた。写真を撮って、SNSに「横尾さんの絵みたいなY字路発見」と投稿したら、ある台湾人の友人がコメントをくれた。

「どうしてそこがY字路になったかというと、右側の通りはかつて川だったたからだよ」と友人はY字路成立の理由を教えてくれた。古い地図をさがして確認すると、なるほど確かに川が流れている。台北には他にもたくさんのY字路があるけれど、それらはどうしてY字路になったんだろう？　そんな好奇心が温泉のように湧いてきて、他の場所についても調べ始めた。Y字路の成り立ちから埋もれた物語を発見していくにつれて、普通の三次元だった台北のまちが突如、ＩＭＡＸの眼鏡をかけたように「失われたとき」を帯びた四次元的なものとして立ち現れてきた。かくしてわたしはＹ字路と恋に落ち、台北じゅうを歩き回りはじめたのである。

思いがけなかったのは、台湾のＹ字路たちが一見黙ってそこにいるように見えながら、驚くほど饒舌（じょうぜつ）なことだ。Ｙ字路と向きあっていると、台湾のみならず、日本が、故郷が、そしてわたし自身がどこから来てどこへ行くのかをおしえてくれる。Ｙ字路が語りかける言葉を聞くために必要なのは、歴史にたいして静かにそばだてる目と耳、それだけである。

さあ、記憶のワンダーランドへようこそ。

目次

II 台湾、Y字路ところどころ。

本書に登場する台北のＹ字路

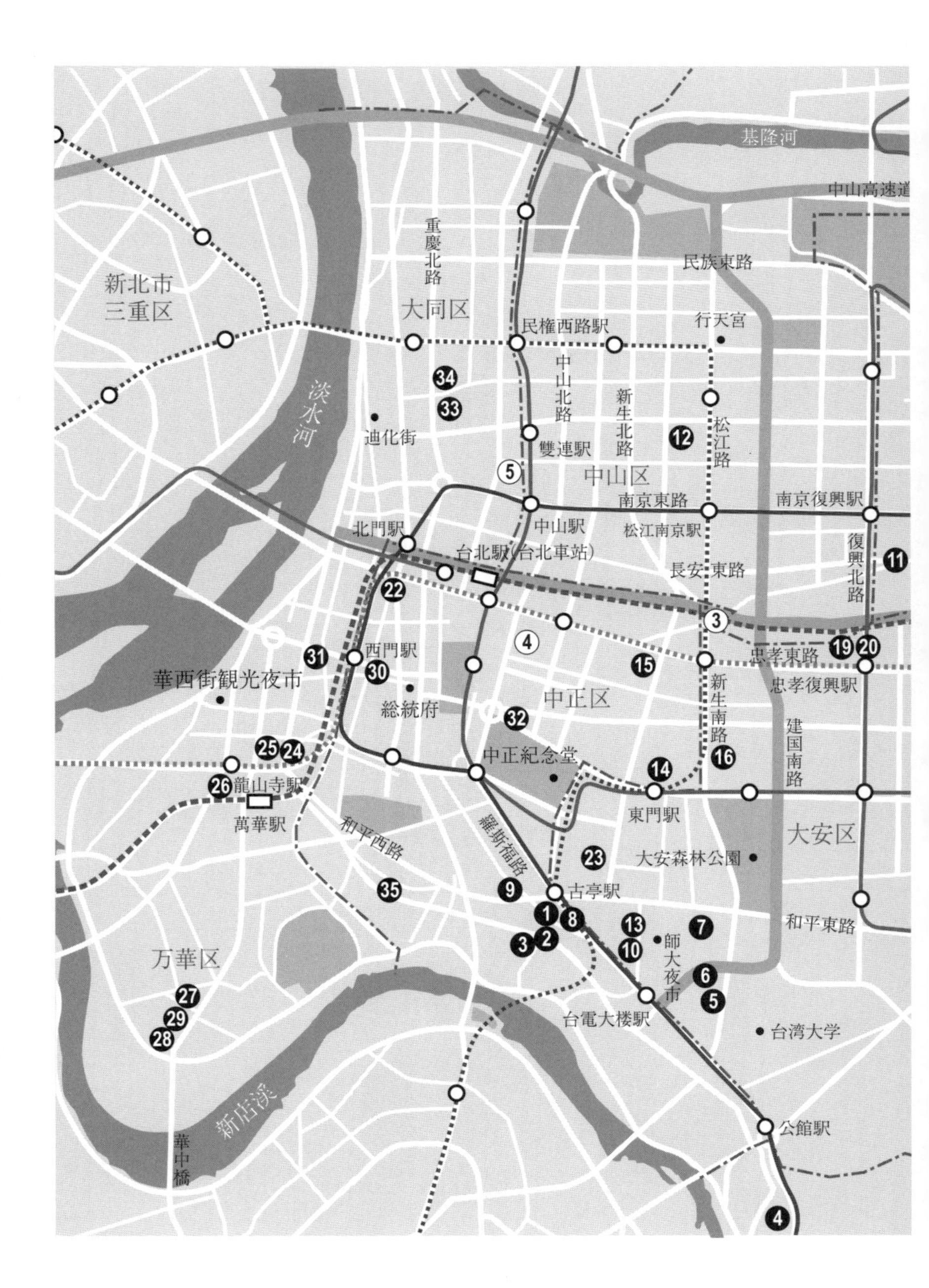
基隆河
中山高速道
重慶北路
新北市
三重区
大同区
民族東路
行天宮
民権西路駅
中山北路
新生北路
松江路
淡水河
迪化街
雙連駅
中山区
南京東路
南京復興駅
中山駅
松江南京駅
北門駅
台北駅(台北車站)
長安東路
復興北路
西門駅
忠孝東路
忠孝復興駅
華西街観光夜市
中正区
総統府
新生南路
建国南路
中正紀念堂
龍山寺駅
萬華駅
東門駅
和平西路
羅斯福路
大安区
大安森林公園
古亭駅
和平東路
師大夜市
万華区
台電大楼駅
台湾大学
新店溪
華中橋
公館駅

表記について

・本書では、日本のメディアで一般的に用いられる「先住民」のかわりに「原住民族」という名称を使用している。これは当事者である原住民族が「正名運動」という民主運動によって勝ち取った名称であることを尊重するものである。

・日本の植民地期について、台湾では「日治時代」「日據時代」とイデオロギーによってさまざまな呼称が用いられるが、最近は研究者の中でも「日本時代」が定着しつつある（当時の台湾人がそのように呼んだことから）状況をかんがみて、本書でも「日本時代」という呼称を使用している。

I

台北、Y字路さがし。

1

Y字路さがし時間旅行 同安街とN記者

❶夢のY字路〔暗渠型〕
❷ファーストY字路〔暗渠型〕
❸「踏切り感」のY字路〔鉄道廃線型〕

旅のはじまり

台北の5月は梅雨の季節である。日本よりひとつき早い。梅雨があければ、明け方にわんわんと唸りだす蟬の鳴き声とともに、夏の到来は緑色で小粒の土マンゴーに姿をかえて果物屋の軒先にあらわれる。小さくて種が大きく繊維ばっているのが難だが、香りと瑞々(みずみず)しさは際立っていて、地元ではとりわけこの土マンゴーを好む人が少なくない。亜熱帯の粘りっこい空気のなか、少し歩くだけでじんわりと背中が汗ばむ。そんな5月の末ごろ、台湾大学にほど近いMRT古亭(グーティン)駅で、N記者と待ち合わせた。N記者は、とある台北に支局を置く日本の地方新聞社に所属している。がっちりとした体つきでポロシャツ姿のN記

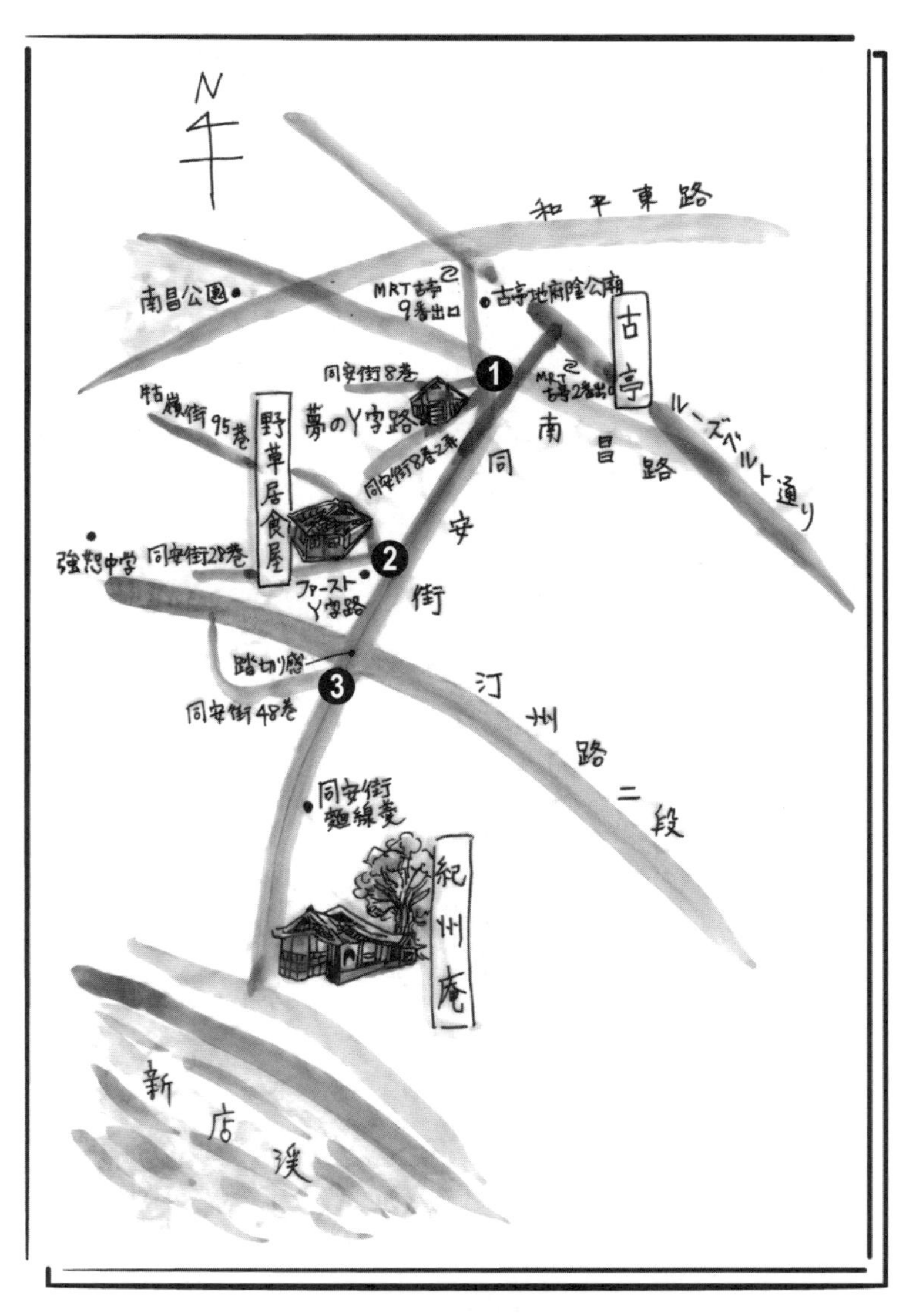

❶ 同安街 8 巷×同安街 8 巷 2 弄　❷ 同安街28巷×牯嶺街95巷
❸ 同安街×汀州路

者のこめかみには、すでに一筋の汗が流れている。この日、N記者はわたしと一緒にY字路めぐりをして、それを記事にしてくれるというのだった。

N記者と待ち合わせをしたMRT古亭駅のある大通りを「ルーズベルト通り」（羅斯福路）という。アメリカのルーズベルト大統領を記念したものだ。台北には外国人の名前をつけた通りが二つある。ルーズベルト通りはその一つで、もうひとつを「マッカーサー通り」（麥帥公路）という。台北と基隆をむすぶ台湾で最初にできた高速道路で今は中山高速道路の一部に編入されてしまったが、もちろんアメリカのダグラス・マッカーサー元帥にちなんでいる。1927年ごろから中国で始まった中国国民党と中国共産党との内戦で劣勢となり、終戦で日本が台湾から引き揚げたのちに南京から台湾へと首都を移した中華民国の蒋介石総統がもっともアメリカを頼りにしていたことが、この道路の名前ひとつとってもよくわかる。

古亭駅の「古亭」（華語：グーティン／台湾語：Kóo-tîng／日本語：こてい）という地名には、いくつかの説がある。

これまで長らくいわれてきたのは「鼓亭」という音が転訛したもの。今の中国福建省東南沿海から、18世紀ごろに移住してきた人々によって開墾されたこの地域は、もともと原住民族「ケタガラン族」が住んでいた。当時の原住民族の多くは首狩りの風習があり、開拓民たちはつねに襲撃におびえなければならなかった。そこで見張り台をつくり来襲にそなえて太鼓を鳴らしたことから、この見張り台を「鼓亭」と呼ぶようになった、というのがひとつ。

ほかには、「古」＝「穀」でこのあたりがもともと穀倉地帯だったからという説、また、漢人がこの地にもたらした魚網を使った漁法「罟亭」を指す説などさまざまな謂われがあるなかで、最近あらたに聞くようになったのが「孤壇」説だ。18世紀中ごろ、台湾各地の地方政府は行き倒れや社会動乱に巻き込まれた無縁仏を祀る祠（ほこら）に「厲壇（リーダン）」もしくは「大衆爺（ダーヂョンイエ）」と呼ばれる祭壇をつくった。台北市の淡水河（ダンシュエイホー）と基隆河（ジールォンホー）が合流する社子島（サーズダオ）のあたりにも多くの水死体が流れ着いたようで、それらを祀る小さな厲壇がたくさんあるらしい。古亭のあたりも、西方向になだらかな坂になっている同安街（ドンアンジェ）を下ってゆくと、淡水河へとつながる新店渓（シンディエンシー）に出る。そこへ流れ着いた水死体、つまり孤独な魂を祀った厲壇＝孤壇から、台湾語の同じような音（おん）の「古亭」に転訛したのではないかというのである。

そんな話をしながら、N記者とルーズベルト通りにある同安街に向かう。ルーズベルト通りには同安街への入り口がふたつある。ひとつはMRT古亭駅の2番出口そばにある、ルーズベルト通りから垂直にのびる通りである。しかし、そこからもう少し北のほ

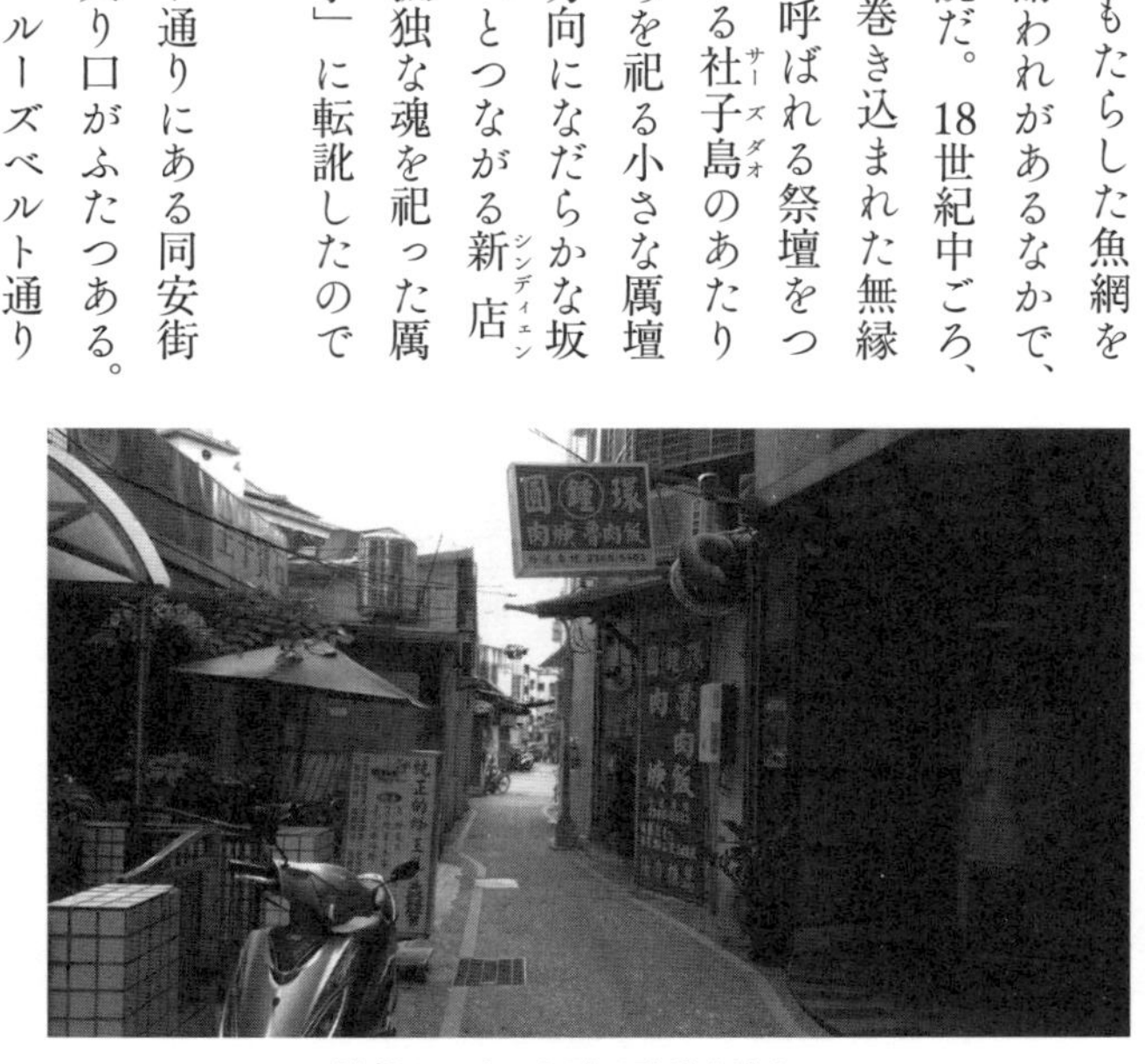

清朝のころから残る路地を進む

うに歩くと小さな路地の入り口がある。実は2番出口脇にある現在の同安街はのちになって開通したもので、こちらの小さな路地のほうが古く清の時代からある旧道であった。

この小さな路地の入り口に「古亭地府陰公廟」という名の黒っぽく大きな廟がある。古亭という名前の元になっているかもしれない厲壇の、特に陰廟と呼ばれるものである。陰廟を支えているのは孤魂信仰というもので、怨みを持って死んだ怨霊を崇めることにより、災いから免れたり、その霊力を借りて繁栄を手に入れようという民間信仰で、日本の御霊信仰に近い。この廟は昔、古亭のある資産家の家に仕え非業の死を遂げた侍女の魂を慰めるために建てられたといわれている。このように、未婚の女性を祀った廟を特に姑娘廟とも呼ぶ。建てられたのは清の光緒11(1885)年ごろともいわれるが、そのころは一般的な陰廟と同じく小さな祠だったそうだ。

台湾出身の作家・東山彰良氏の直木賞受賞作『流』(2015年)にも、戦後の台北西門町あたりにあった巨大雑居ビル・中華商場のなかに、主人公の祖父が狐の霊を祀った陰廟を建てる話が出てくる。陰廟がほかの廟とちがうのは賭博に勝つ/仕返し/誰かの不幸を望むなど社会的には「負」の側面をもつ願掛けをするところにあり、願いが叶った暁にはかならずお礼参りをしなければ、祟られるといわれる。お礼参りは線香をあげるのから廟の改築まで、成就した願いの大きさによるが、100年前はこじんまりとしていたこの廟がいまのような大きさになったのは、それほど参拝者の「願い」が成就した結果なのだと考えれば、何だかゾッとしなくもない。

夢のY字路

肉団子を揚げる油と下水の入り混じったようなにおいが漂う路地を抜け、これも清の時代からある古い通り南昌路（ナンチャンルー）を突っ切って、さらに進む。1927年の地図をみると、南昌路沿いに走っていた水路が同安街の入り口から左に折れ曲がり、弓矢のようにふたたび南昌路に戻っている。

この水路、現在はすべて覆われて暗渠（あんきょ）（地下に埋設された水路）となったが、おかげでこの周辺は迷路のごとく複雑に入り組んでしまった。そんな同安街界隈を徘徊していると、光も届かぬ深い海の底をユラユラとおよぐ深海魚の気分になる。そうして路地のなかを遊泳すれば、わたしの名づけた「夢のY字路」に行きあう。

夢にいつか出てきたかのような、うつくしく理想的な姿をしたY字路なので、そう呼んでいる。いっしょに泳いできたN記者が、「わあ」と感嘆の声をあげる。

1927年の地図ではＹ字路右側に水路があった

細い同安街をきて南昌路を越えると右手になだらかに下る路地があり奥に進む

かつての水路が覆われたことからできた「暗渠型Y字路」で、それを示す「暗渠蓋」（マンホールや網状のものなど下側に水の流れがあることを示す蓋）が点々と続いている。

SNSにここの写真を投稿したら、この真ん中の建物にはどこかの組の親分が長年暮らしていると教えてくれた人があった。それから1年ほど経ってこのY字路をみにきたら、ちょうどY字路の真ん中に花輪と遺影が飾られていた。きっとその写真の人が、例の親分さんだったのだろう。それ以来ここに住む人もいないのか、この日も「夢のY字路」はひっそりと、路地のなかに水中花のごとく佇んでいる。

ファーストY字路

同安街のメイン通りに戻りしばらく進むと、また右手に別のY字路が現れる。わたしのY字路さがしの旅の起点となった、「ファーストY字路」である。台湾の中央研究院が制作したウェブサイト『臺灣百年歴史地圖』（以下、地図と略す）で昔の様子を調べてみたら、現在のこの場所のあたりに川が走り、牯嶺街95巷と川の流れが重なっている（台湾では、「路」「街」「弄」「巷」という単位に順番がつく形で住所が表示される）。

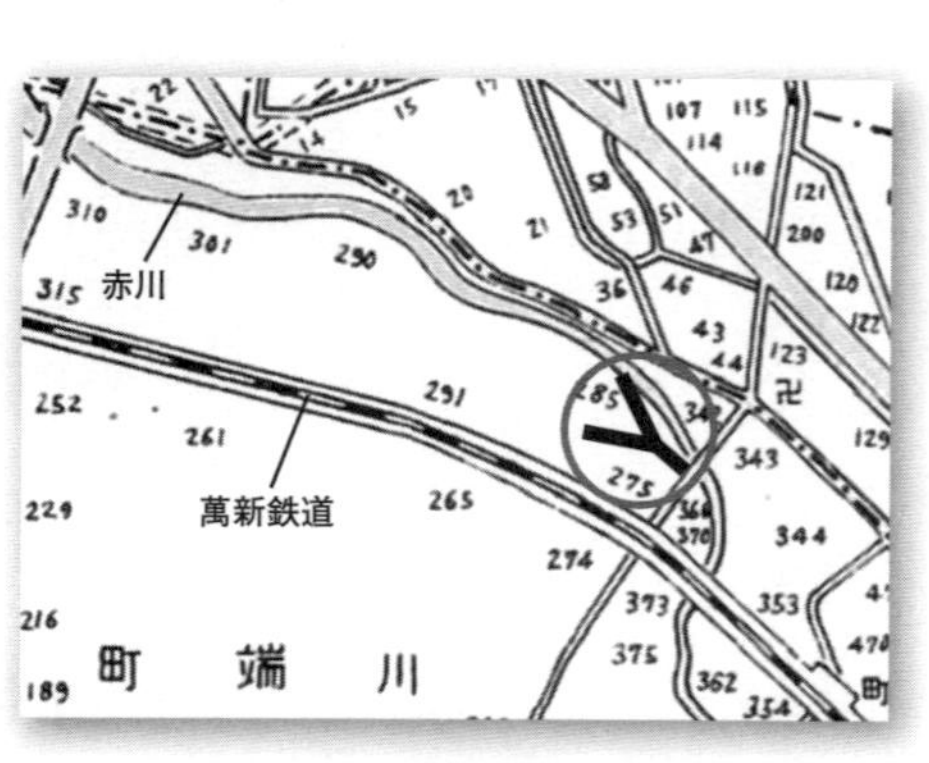

1930年地図

Y字路さがしの起点となったY字路。右側の道路は「赤川」の暗渠

この流れ、日本時代（日清戦争に勝った日本が1895年下関条約により台湾を割譲され、太平洋戦争の敗戦によって手放す1945年までの50年間）は「赤川（あかがわ）」と呼ばれる澄んだ小川で、夏にはたくさんの蛍が舞い飛ぶのがみえたらしい。現在も近所に蛍橋（インチャオ）という小学校があり、当時の美しい風景がわずかにその名のうちに留められている。Y字路の真ん中で灯りを点している日式古民家は「野草居食屋（イエツァオジュシーウー）」という和風料理屋で、戦後は台湾大学で薬学を研究していた陳玉麟（チェンユーリン）という教授の住まいだった。陳玉麟教授がかつて留学したのが熊本大学で、その後は九州大学で農学博士号を取っている。そこで「野草居食屋」では、かつての主人ゆかりの熊本産の日本酒や焼酎を店に置いている、そんな話を奇しくも同じ熊本出身のN記者に話しながら歩く。N記者

には熊本風のアクセントが残っていて、ひと懐っこい感じが心地いい。

戦前、陳教授の前にそこに住んでいたのは、台湾大学の前身である台北帝国大学の助教授として赴任してきた日本人・石井稔。石井が農薬研究のために畑にしていた家の裏は、今は私立の強恕（チャンシュ）高校に変わり、当時の面影はない。

「踏切り感」のY字路

さらに同安街を河に向かって下ってゆくと、汀州路（ティンジョウルー）にぶつかる。台北で数少ない、「踏切り感」を味わえる場所だ。踏切り感とは、車で踏切りを横切る際のあの「よっこいしょ。」という感覚である。日本へ一時帰国するといつも、踏切りの紅いランプの点滅とともに聞こえるカンカンカンという警報機の乾いた音を聴いて、ああ日本に帰ってきたなあと感じる。なぜかというと、台北には踏切りがないからである。

日本時代の中期（1921年）に開通した台北の鉄道・新店（シンディェンシェン）線は萬華（ワンファ）と新店を結び、台北人の足として親しまれた。1965年に廃線となり、この鉄路が今の汀州路となって、半世紀が過ぎた。通称を萬新鉄路（ワンシンティエルー）、またの名を「恋愛鉄路」ともいい、休日になると萬華や公館（ゴングァン）へデートに出かけた恋人同士が、のんびりと走る帰りの列車で、間もなく訪れる別れを惜しんだという。「人の記憶は鉄路のように長く残る」と、萬新鉄路を懐かしんだ台湾の著名な詩人・

汀州路は萬新鉄道の廃線跡で、すこし盛り上がっているのがわかる

汀州路わきのＹ字路、昔は踏切りがあった場所だ

余光中（ユィグアンチョン）の言葉を思いだしながら、かつて枕木が敷かれていた高さに盛り上がっている汀州路を「よっこいしょ。」と踏み越えたとき、カンカンカンと警報機の鳴る音が聴こえてくるような気が、いつもする。

「紀州庵」の川遊び

汀州路を越えると、新店渓という川沿いにたどり着く。このあたり、日本時代は川端町（かわばたちょう）といった。週末になれば川遊びを楽しむ人で賑わったらしく、土手のところには紀州庵（きしゅうあん）があった。

「冬は、静かに部屋で美しい芸妓と向きあい、注がれる酒も料理もこの上ない。夏は、文山（ぶんさん）から降りてくる涼風が屋形船の浮かぶ川面を渡ってきて、酷暑をわすれさせる」

日本時代のグルメ雑誌でこんな風に紹介されている紀州庵は、紀州（和歌山県）出身の一家が台北・西門で営んでいた料亭「平松家」の支店で、警察幹部や上級官吏の接待に使われた高級料亭である。

奥の方に堤防があり、歩道橋をのぼると川（新店渓）が見渡せる。左手に見えてくるのが紀州庵現在は道路や堤防に遮られて建物から新店渓を直に望むことはできないが、当時は本館の2階から川へと橋が渡され、客が舟遊びを楽しんだという。戦後は中華民国政府の公務員宿舎となり、3棟あった建物のうち本館・別館は焼失した。残った離れが2004年に台北市文化財の指定を受け、2014年に修復が終わり、現在の「紀州庵文学森林」として開館した。

台湾現代文学の旗手・王文興（ワンウェンシン）も少年時代をここで過ごし、代表作『家變』（ジャービエン）は紀州庵付近を舞台に描かれたという。もともとの都市計画では駐車場となるはずだったこのエリアが残されたのは、地元団体の古木保存運動から発展した紀州庵（ジージョウアン）保存運動のおかげだ。本館から見渡せる庭では樹齢100年を越える巨大なガジュマルが、ゆったりと涼しい影をつくる。

わたしとN記者による同安街Y字路の旅は、ここ紀州庵が終着点である。着いたころには二人とも汗びっしょりで、喉もカラカラであった。それからわたしたちは、再びルーズベルト通りへと戻った。ちょうどお昼を過ぎたころで、「福岡」という日本風の定食屋の前を通りがかり、福岡県となにか関係あるのか気になるねといって、その店で昼食をとることにした。N記者の勧める新聞社の本局は福岡県にある。どうしてお店の名前が「福岡」というのかお店の人

紀州庵のある川のほとり、日本時代の様子
（紀州庵文学森林提供）

1917年に建てられた紀州庵、いまは離れのみが残っている

に聞いたが、よくわからないというので、N記者と目を見合わせて笑った。それから1か月後、この日の散歩はN記者の署名入りで『Y字路探し時間旅行　現在と過去が交錯　ワンダーランド』というタイトルで新聞にのった。上質でとっても素敵な一篇の、まち歩きエッセーだった。

＊

ルーズベルト通りの先にのびる中山北路（チョンシャンペイルー）の路上でN記者が亡くなったのは、それから数か月後のことである。交通事故だった。N記者とたくさんの時間を過ごし、笑い、泣き、喜んだ多くの同僚や友人の方々と比べて、ほんのささやかな半日、あの共にY字路をめぐった時間ぐらいしか共有していないわたしが、とあるメディアで追悼記事を書くことになってしまった。たいへんに恐れ多いことだったが、N記者が台湾で残した立派な仕事を微力ながらでも伝えたいという思いで必死に書いた。必死に書いたから、天国のN記者にも、少しばかりはそれが伝わったのかもしれない。以来、同安街にきて汀州路を渡るたび、微かなカンカンカンという踏切りの音とともに、「すみきさんー」という熊本訛りのN記者の人懐っこい声が、どこからともなく風に運ばれてくるようになった。

瑠公とY字路

延吉街×光復南路〔旧道＋暗渠型〕

日本で早朝深夜にコンビニやファミレス以外で食べものを探すのは大変だが、台湾には豆(トウ)漿店(ジャンディエン)（豆乳屋）がある。夜のまちで白く発光する豆漿店をみるとフラフラとつい引き込まれてしまう、あの蛍光灯の光には不思議な魔力が宿っている。とくに、台湾にきて大好きになったモノのひとつに、豆乳と台湾風おむすび（飯(ファン)糰(トァン)）がある。揚げパン（油條(ヨウテャオ)）やタクアン（菜(ツァイ)脯(プー)）をはさんで握られたモチ米の、朝食べれば夕方まではお腹を空かせることはないどっしりとした頼もしさ、口に入れたときのムギュ、カリとした楽しい歯ざわりを思いだすとたまらなくなる。それに合わせるのはもちろん、甘さひかえめの温かい豆乳と決まっている。

いくつものお店で食べくらべるうちにわかったのは、同じ屋号でも店舗によってかなり違いがあることだ。とりわけ豆乳は、薄かったり粉っぽかったりと差が大きい。

ここのY字路にも楊記永和豆漿(ヤンチーヨンハートウジャン)というお店

がある。近くには水煎包（シュエイジェンバオ）（小さめの肉まんを鉄板で焼いたもの）の名店もある。

写真左の道路・延吉街（イエンジージエ）は19世紀以前（少なくとも1888年の地図で確認できた）よりつづく古い通りで、現在はおいしいお店の多い通りとして名高い。このY字路は民国36（1947）年にできた右側の幹線・光復南路（グァンフーナンルー）と延吉街との関係でできた。

清の時代はこの地域の名を興雅庄（ヘンガーツン）といい、その隣の大安庄（トウアンツン）との区切りになっていたのが延吉街にあたる。記録によれば興雅庄は肥沃で田畑に適した土地なうえ、四獣山（スーソウシャン）を背に風水的にもまたとない場所で今でも台北屈指の高級住宅街を擁しているが、かつて興雅庄の地主だったのは興雅・林家で、その隆盛は当時あった鉄道が四獣山に入るまで林家以外の土地は通らないといわれるほどだったという。しかしのちに、盗賊に財産を奪われ没落してしまう。

私財を投げうって台北東部を灌漑したことで瑠公（リウゴン）の尊称で知られる郭錫瑠（グォシーリウ）が台北で居を定めたのも、ここ興雅庄だ。それまでにあった溜池だけでは田畑の水が足りないため、新店渓（シンディエンシー）より水を引くのを計画した郭錫瑠だったが、工事はなかなか計画どおり進まず水路の完成まで十数年を費やした。1762年についに完成をみたが、3年後の台風による多くの損傷を目の当たりにした郭錫瑠の気力はみるみる衰え、そのまま帰らぬ人となった。

夜に光る豆乳屋の魅力的な灯り。左側が延吉街

2

水の旅
最古の水路・霧裡薛圳（ウーリービージェン）を辿って

❹ ぶちぬき屋根のＹ字路〔暗渠関連型〕
❺ ビオトープＹ字路〔開渠型〕
❻ ヤンヤンのＹ字路〔旧街道型〕
❼ 泰順公園のＹ字路〔暗渠型〕

ぶちぬき屋根のＹ字路

アレ？　ここ、さっき入ってきたところじゃないか？

台湾大学に科技大学、師範大学など台湾の名だたる大学の校舎が立ち並ぶ公館（ゴングアン）エリアの複雑に入り組んだ路地裏を歩いていると、よくそんな錯覚におそわれる。ここはルーズベルト通りから少し入った国立台湾師範大学公館校の前でみつけたＹ字路である。見どころは1階のトタン屋根を突き破り、5階とおなじ高さまで無邪気にのびた椰子（やし）の木だろう。台湾において、樹々は時として建築物もしくは道路の一部を成している、しかもその生命力を失うことのないままに。椰子のぶちぬき部分を隠すように、1階のトタン屋根に

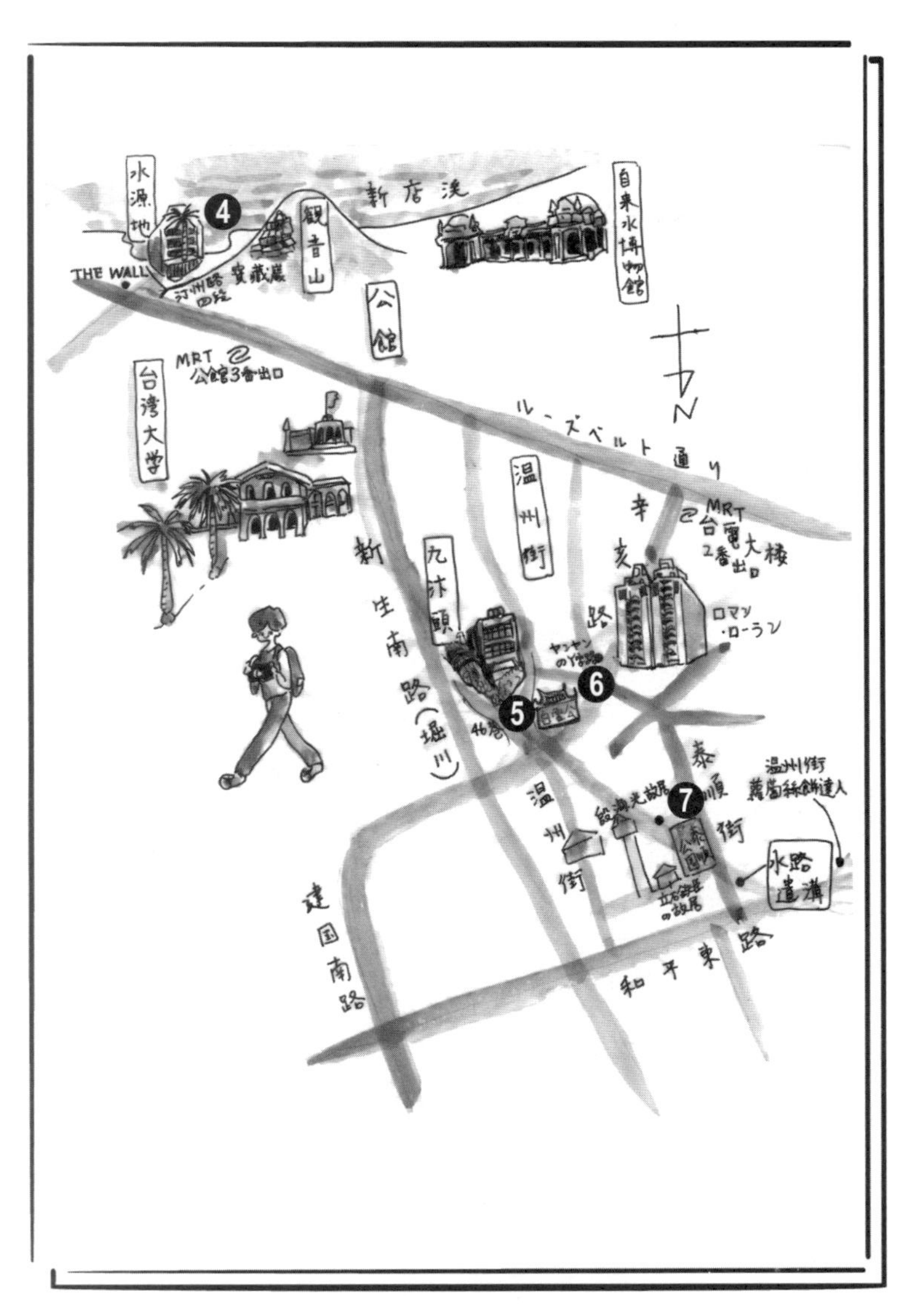

❹ 汀州路四段×汀州路四段23巷　❺ 温州街46巷　❻ 辛亥路×泰順街
❼ 泰順公園内

は赤・黄・緑で「停車場」と書かれた電光掲示板が取りつけられている。Y字の先端部分にできた三角形の空白スペースが駐車場という意味なのか、それとも1階部分をガレージとして貸し出しているのかは不明だ。

このあたり、台湾が清朝の管轄だったころの名を「公館街」といい、現在の公館の名前の元となった。中国福建地方から台湾に渡ってきた開拓民が、もともと暮らしていた原住民族から身を守るための見張り台として公館を設営したという由来があり、日本時代に入ってからは「富田町」という名称となった。

1895年の地図をみると、当時はこのY字路の目と鼻の先まで川（新店渓）がせまっていたことがわかるが、このY字路左側の道路はもともと「霧裡薛圳」の暗渠である。

霧裡薛圳は台北でもっとも古い灌漑水路で、記録によれば清の雍正帝（在位1722〜35）のころ拓かれ、台北西側の田畑をうるおした。水路といえば、東区の生まれで台北水路の父と呼ばれる郭錫瑠、通称瑠公がつくった「瑠公圳」が台湾の教科書にも載るほど有名だが、瑠公圳よりも古い水路があったと周知されたのは、ごく最近のことだ。

霧裡薛圳は日本時代に瑠公圳に統合されたが、戦後の国民

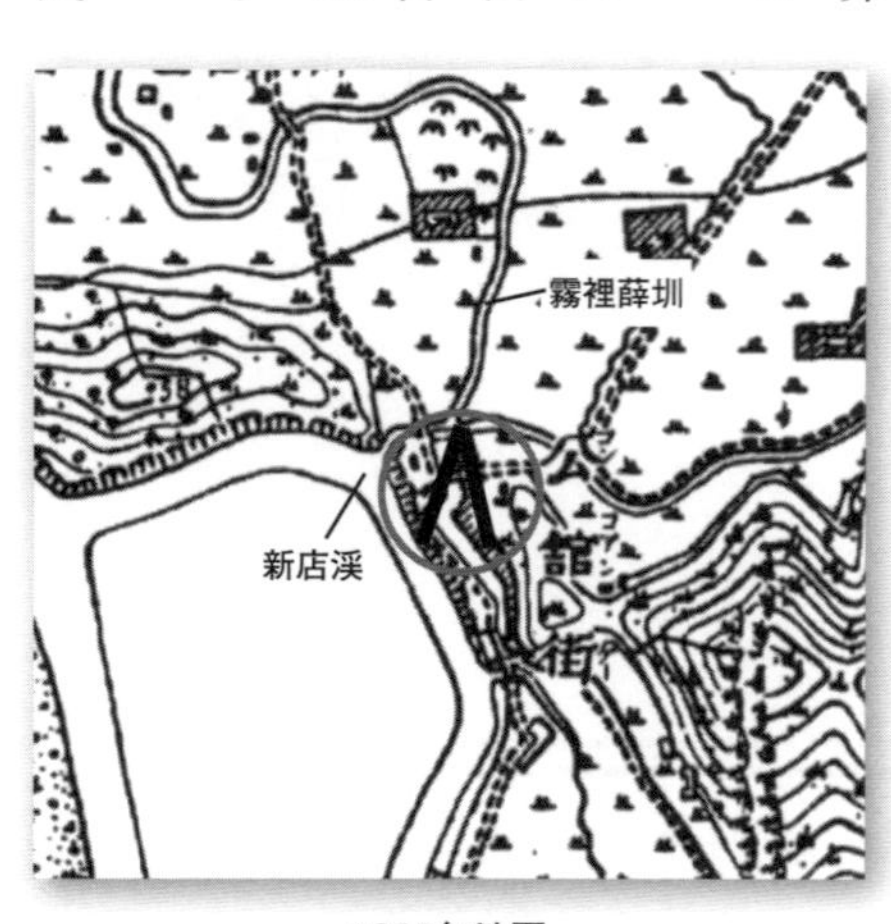

1895年地図

椰子の木が１階の屋根を通って最上階までのびている。右奥にはかつて新店渓がせまっていた

党教育の時代は日本時代のことはことごとく語られずにきた反動なのか、最近では霧裡薛圳の見直しが始まっている。それは、誰かに押しつけられた史観によらない自分たちの歴史を取り戻そうとしている台湾の人々の、アイデンティティに支えられた「水路ムーブメント」といってもよいかもしれない。

霧裡薛圳の名前はこのエリアに暮らしていた原住民族の言葉が転訛したもので、水路の水源となっている川（景美渓（ジンメイシー））のことを指すが、ここから取水され台北中の田畑に送られた水の通り道は、現在の台北に多くみられる暗渠やY字路など斜めの道に大きな影響を与えている。

日本時代に入ると、マラリアなどの疫病の蔓延を食い止めるため、衛生的な水の確保が急務となった。内務省衛生局長だった後藤新平の発案により、新店渓を取水地とした浄水場がここに建設され、「水源地」と呼ばれるようになる。今は台北国際芸術村のある小観音（シャオグァンイン）山上部まで、浄水した水をポンプで引いて貯水し、山の傾斜を利用してそこから台北の各家庭に衛生的な水が送られるようになったのが、1909年のことであった。戦後に浄水場は他所に移動したが、日本時代の浄水場やポンプは史跡「自来水（ズーライシュェイ）博物館」として公開されている。

Y字路の北側、ルーズベルト通りと基隆路（ジールォンルー）の交差するロータリーには台湾電力の研究所がある。1935年の地図で「火力発電所」と記されている場所だ。1911年に襲来した猛烈な台風は台北じゅうを水浸しにし、2万8000棟が倒壊、死傷者は500人を超えた。電力を供給していた台北郊外・新店（シンディェン）の水力発電所も大きな被害をうけ、台北は1週間停電。さらに同じ年、台風の再来で今度は1か月の停電を余儀なくされる。

水力発電への限界を感じた台湾総督府は、台北で初めての火力発電所をこの公館の地に建設することを決め1913年に着手、1915年に竣工した。「台北預備火力發電所」は、19

新店方面には霧裡薛圳の昔の姿が残る

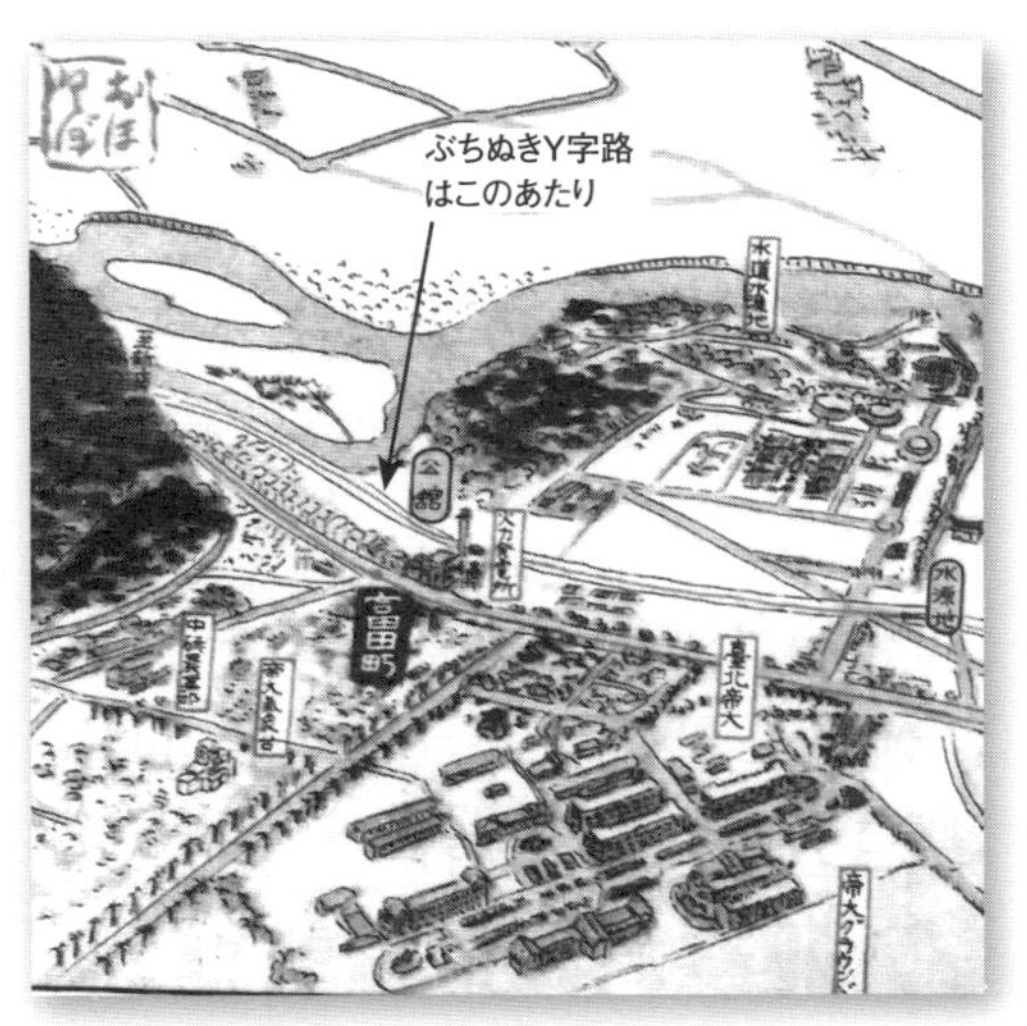

1935年の地図。かつての「富田町」。真ん中に火力発電所がみえる

公館夜市のあたりには霧裡薛圳が影響したＹ字路が頻発する

34年に日月潭水力発電所が完成するまでの約20年間、台北の緊急時の電力を供給した。台北の「火」と「水」を司った公館の地は、台北の近代インフラにおける心臓だった。

台湾電力の研究所の向かい側には、映画館のほか台湾屈指のライブハウスがあり、名前を「THE WALL」という。次世代の台湾音楽シーンを担うアーティストや海外からのバンドが訪れて演奏するので知られているが、名前からいってイギリス出身のバンド・ピンクフロイドのアルバムタイトルから取られたと思われる。

ごく初期のころのピンクフロイドに在籍したボーカリストのシド・バレットを愛してやまぬわたしにとっ

て、台湾に来てまだ間もないころにこのライブハウスの存在を知ったときは嬉しかった。言葉もろくに話せず、どこに行けば自分の好きなレコードを買えるのかさえわからなくて、しかし少なくとも、わたしと同じような音楽を愛好する人がこの台北の空の下にいると思った。台湾の歴史や成り立ちについてほとんど知らないまま、東京で出会って恋をした人についてきた。2006年春のことである。

それからいくつか住まいを変えたが、ここ公館から温州街(ウェンジョウジェ)にかけてが、今やわたしの台湾暮らしでもっとも長い生活圏となった。水路は地下にもぐりみえなくなってしまったけれど、歩いていると水路の名残りをあちらこちらにみつけることができ、過去から現在にかけて絶えず豊かに台北をうるおしつづけてきた水の存在を感じる。台北じゅうを血管のようにめぐっている水路について知るたびに、台北のまちとじぶんの身体が一体化していくような、親密な感覚をおぼえるのである。

ビオトープY字路

霧裡薛圳(第二幹線)は、ルーズベルト通り沿いに北へと流れ、ライブハウス「THE WALL」の脇を抜けて裏通りの公館夜市(ゴングァンイェシー)へ入っていく。道沿いにはタピオカミルクティーの元祖といわれる「陳三鼎黒糖青蛙(チェンサンディンヘイタンチンワー)」などの老舗屋台が並ぶが、ここらに斜めの道がいくつも走って複雑化しているのは霧裡薛圳が1972年に暗渠化したためで、多くの暗渠型Y字路が点在する。

新生南路（シンシェンナンルー）に突き当たった水路・霧裡薛圳は新生南路に沿って折れ曲がる。じつはこの新生南路、日本時代は「堀川（ほりかわ）」（特一号排水）と呼ばれる人工河川であった。水路は堀川から離れ、温州街のなかへともぐっていく。日本時代は台北帝国大学の教授たちが、戦後は台湾大学の教員や公務員が暮らす文化の薫りたかい地域として時を重ねてきた温州街。ここに、霧裡薛圳を語るうえで外すことのできない宝物のようなY字路がある。

温州街46巷。

大部分は暗渠となったかつての霧裡薛圳の開渠（かいきょ）（蓋をしていない水路）で、正式名称を「九汴頭（ジュウビェントウ）」といい、ここから霧裡薛圳は3方向に枝分かれして、台北という都市のからだに水をもたらし生かしてきた。18世紀からの水の流れをじかに目にできるここはビオトープになっていて、悠々とゆき交う魚やむくむくと水面に浮かんではしずんでゆく亀たちを眺めることができる。開渠の向かい側はここ数年で公園と菜園になった。歴史を知ることにより住人たちの愛着がめばえ、地域の人の手で緑が植えられ整えられていく。都市の美しさの本来的な在りかたについて、考えさせてくれる場所である。

台北帝大関係の日本人の多かったこのあたりは、太平洋戦争が終わって引き揚げた日本人が住んでいた日式家屋が中華民国政府に接収されたことによって、戦後は中国より渡ってきた

霧裡薛圳の開渠。温州街のビオトープでは魚や亀がゆうゆうと泳ぐ

人々の暮らすエリアとなった。しかし一部、ビオトープY字路の向かい側あたりに戦前から台湾に住んでいた人々が住む場所があり、「台湾人村」と呼ばれていたらしい。彼らの姓を「陳（チェン）」といい、台湾人村の中心に辛亥路（シンハイルー）が開通するとともに各地に散り散りとなった。

ここには白霊公（バイリーゴン）という土地公（トゥディーゴン）（氏神様）の廟があるが、もともとは陳一族の祖先を祀っていたそうで、毎年8月の鬼月（グェイユエ）にあわせ陳家の末裔も集まってきて、地元の人たちと祭りを行うという。鬼月とは旧暦7月、地獄の門が開き死者たちがこの世に戻ってくる日本でいうお盆にあたり、好兄弟（ハオションディー）と呼ばれる身寄りのない魂を丁重にもてなし、1か月つづく鬼月を無事に終えることができるよう祈るのである。

緑ゆたかな温州街。Ｙ字路の左奥には付近の住民による菜園ができた

芳蘭路の義芳居は市の文化財に指定されている

時は古く清・乾隆帝（在位1735〜96年）の時代、ここ大安区（ダーアンチェイ）は「大湾（ダーワン）」と呼ばれていた。福建からの開拓民のなかで財をなした陳氏は、現在の公館水源地裏にある芳蘭路（ファンランルー）あたりに伝統的な閩南（ミンナン）式建築・三合院（サンファーユェン）の住居をかまえて「義芳居（イーファンジュ）」と名づけたが、その子孫たちが大安区内に散って居を成したうちのひとつが、現在の温州街にあった陳一族の台湾人村だった。

はじめは西門町一帯にあった陳一族のお墓は、日本人の西門開発によりその地を追われ、華西街（ファミージェ）→華江橋（ファジャンチャオ）と台北のなかで点々と場所を替える。そしてついに、いま台北市の公共葬儀場（第二殯館）のある辛亥路三段の脇に「萬善堂（ワンシャンタン）（地蔵王廟）」を建て、ようやく安住の地をみつけた。現在も、陳氏の子孫が毎日世話をしているらしいが、ある日いつもの

映画のロケ地となった交差点にあるヤンヤンのY字路

お供えのお茶を忘れて立ち去ろうとしたところ、背後から「お茶はどうした?」という声がし、それ以来お茶を絶対に欠かさないようになったという。

ヤンヤンのY字路

温州街の陳一族を離散させる原因となった幹線道路・辛亥路が開通したのは1974年のことだ。それ以前は畑が一帯に広がっており、白霊公の辛亥路をはさんで向かいにある新民小学校の裏側の肥溜めに、子供が落ちて溺れ死んだこともあったらしい。温州街48巷から辛亥路を渡る角にあるY字路、および渡った先にあるツインの大型マンション「ロマン・ローラン」は、『クーリンチェ少年殺人事件』で名高く日本でもファンの多い台湾の天才映画監督、エドワード・ヤンによる『ヤンヤン　夏の思い出』（2000年）のなかでロケ地としても出てくることは、あまり知られていない。

泰順公園のY字路

辛亥路を渡りマンション「ロマン・ローラン」の横を通って泰順街（タイスンジェ）に入り、複雑な五叉路を抜けると泰順公園（タイスンゴンユェン）がみえてくる。泰順公園のとなりにはブーゲンビリアが咲き乱れる日式建築があるが、ここにはかつて、ある日本人画家が暮らしていた。名前を立石鉄臣（たていしてつおみ）という。

1905年に台北に生まれた立石は、9歳に内地（日本本土）へ渡ってから絵を学びはじめ、岸田劉生や梅原龍三郎に師事した。特に梅原は立石を「いつか日本画壇を背負って立つひとり」と嘱望し、もう一度台湾へ戻って絵を描くことを勧めた。ふたたび台湾の地を踏んだ立石は、台湾の風景を描いた油絵のほか、当時の台湾人の民俗工芸や習俗風習を記録した挿絵を多く残す。とりわけ、立石が表紙や挿絵・デザインを中心に運営にかかわった雑誌『民俗臺灣』は、伝統的な台湾の生活をいまにつたえる貴重な歴史資料となっている。

立石鉄臣が表紙のデザインや挿絵を手がけた『民俗臺灣』

立石が住んでいたと資料に残る日式家屋

終戦後、中華民国政府に留用されて雑誌編集や台北師範学校の美術教師を勤めるが、1948年に引き揚げた。その後は、得意の細密描写をもちいてあまたの動植物図鑑で仕事をするかたわら、台湾での記憶をもとに油絵も描いたが、画家としては無名のまま1980年にその生涯を閉じた。75歳だった。

もっとも早く立石の仕事を評価したのは台湾の美術出版社「雄獅圖書出版（ションスートゥシューツーバン）」だが、わたしが立石を知ったのも、同社から刊行された『灣生・風土・立石鐵臣』（邱函妮著）という本においてであった。なかでも、貝殻・蘭の花・タロットカードなどをモチーフにした『春』という作品の、静謐なエロティシズムこぼれる細密描写と、雑誌『民俗臺灣』の挿絵に代表される民芸的で素朴な写実性とのギャップに心を打たれると同時に、これほどの作品を残しながら、ほとんど日本で知られてこなかったことにも興味をひかれた。

立石の住んでいた家のとなりの泰順公園のすみにある住宅は、小さな溝によって斜めに切り込まれたY字路となっているが、1930年といまの地図を見比べると、温州街のビオトープからまっすぐここまで流れてきているのがわかる。途中には、台湾自由主義の父といわれる哲学者・殷海光（インハイグアン）が国民党の戒厳令下で蟄居（ちっきょ）していた住宅があるが、中に入ってみれば庭にいまもある小川はまさしく霧裡薛圳からの流れと思われ、これも地面の下にもぐってしまった霧裡薛圳の開渠なのかもしれない。

霧裡薛圳の水源となった景美渓からビオトープY字路、そして泰順公園まで。空飛ぶ鳥のように意識を上空に放り上げて下界をみれば、水の流れのままに生きてきた人々の息づかいが時空を超えてそこにある。台湾に来たばかりのころ毎日じとじと雨つづきで、どれもこれもただ似かよって陰鬱にみえた台北の路地も、水路の歴史になじんだ、今は昔。

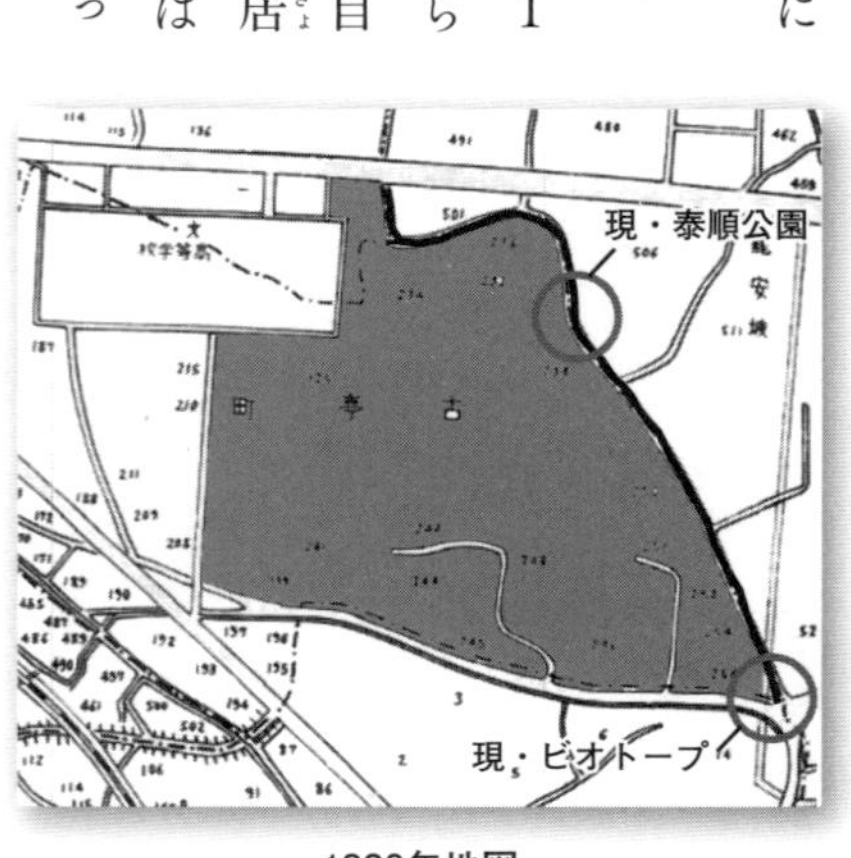

1930年地図

泰順公園のＹ字路。左奥の家屋に斜めの切れ込みが入っているのが暗渠である

3

タイムカプセル、ひらく
南昌路をあるく

❽ 地球儀のみえるＹ字路〔旧街道型〕
❾ 南菜園のＹ字路〔旧街道型〕

地球儀のみえるＹ字路

猫がみつけたのは、児玉源太郎の首だった。

2015年台南市内。ノラ猫のゆくえを追って日本時代の家屋の床下を懐中電灯で照らしだしたところ、転がっているものがあった。床下から取り出してみると、軍帽をかぶった20キロほどの重さの、石でできた頭部像である。帽子の特徴などから、どうやら第4代台湾総督だった児玉源太郎（1852―1906）らしいことがわかった。

児玉源太郎は、山口県周南（しゅうなん）市出身の陸軍軍人である。台湾総督として赴任した8年のあいだの仕事は多岐にわたるが、なかでも一番注目したいのは、南満州鉄道（満鉄）総裁として優れた働きをみせ、のちに東京市長と

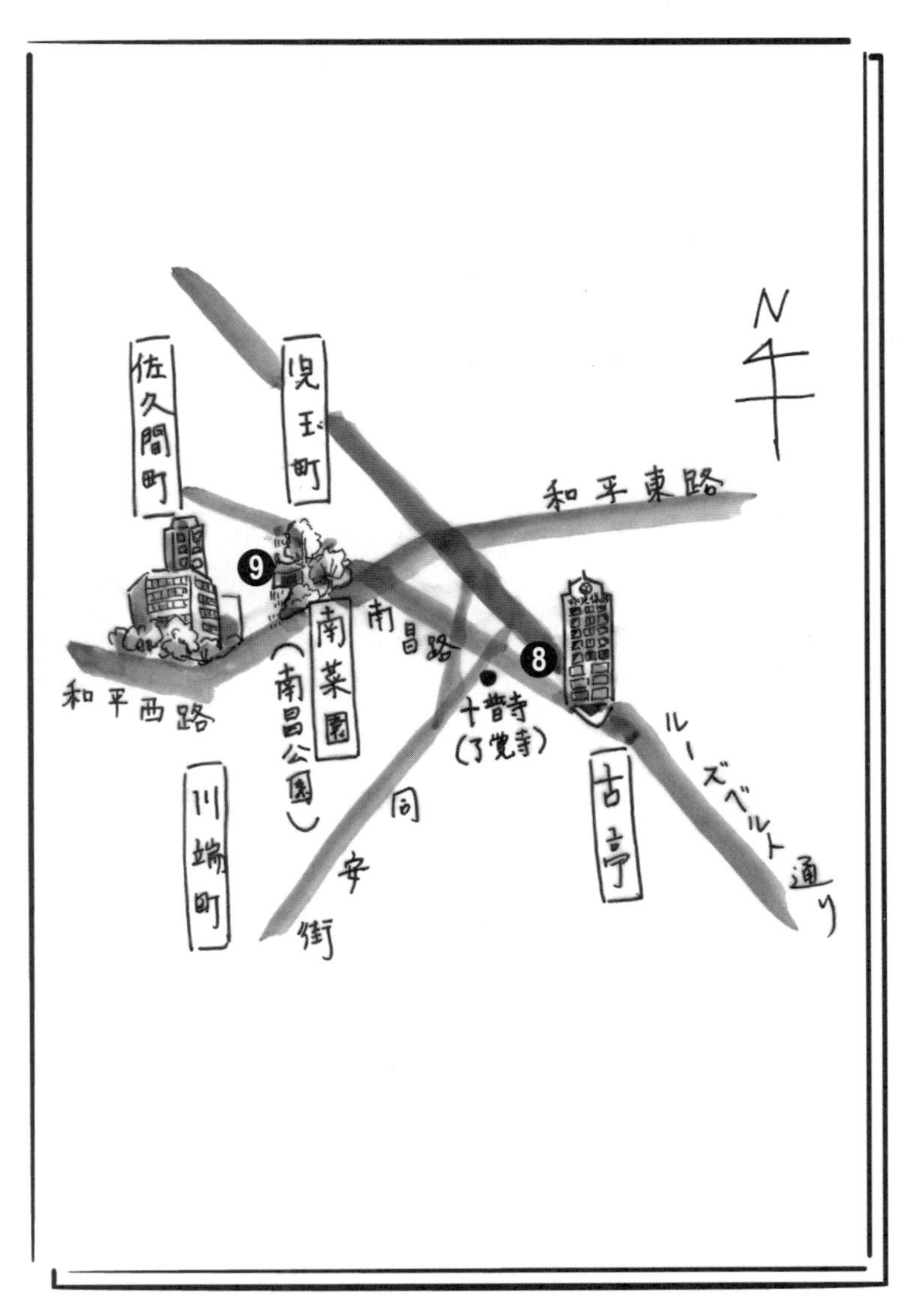

❽南昌路×ルーズベルト通り（羅斯福路） ❾和平西路×南昌路

して今の東京の都市基盤を設計した後藤新平を台湾に呼びよせて思う存分その腕をふるわせたことだろう。児玉の絶大な信頼を得た後藤は、もともとあった台湾社会の制度や習慣に基づいた経済改革とインフラ整備をつぎつぎと実行した。それまでは抵抗運動や風土病などの問題が山積みで、一時はフランスへの売却論さえでた台湾経営がようやく軌道に乗り始めたのが、「児玉・後藤政治」と呼ばれるこの時代であった。

司馬遼太郎の『坂の上の雲』効果で名将というイメージの強い児玉源太郎だが、台湾でその存在が知られたのは近年のことで、なかでも元総統の李登輝(リーデンフェイ)氏が尊敬する人物として名前をあげたことが大きいかもしれない。この児玉源太郎とかかわりの深い通りが、台北にある。名を南昌路(ナンチャンルー)という。

台北南側の幹線であるルーズベルト通りから、左手に枝分かれしていくY字路に細くそびえるビル、いただきには地球儀の形を模したレリーフがみえる。天体望遠鏡などをあつかう老舗の貿易会社永光儀器(ヨングアンイーチー)だ。この永光儀器のY字路に向かって左側にのびているのが南昌路。時が清朝のころならば、台北府城の南門にまでつづくメイン街道として発展してきた由緒正しき道路である。今は戦後になって開通した右側のルーズベルト通りにその座を譲ってはいるものの、南昌路の周辺には今も老舗の企業や商店が多い。

南昌路をさらに北(写真の奥)へと進んだあたり、日本時代の名前を「児玉町(こだまちょう)」という。もちろん、児玉源太郎を記念してつけられた名前だ。当時の台湾では、もともと台湾に住む人た

Y字路向かって右側がルーズベルト通り、左側が清代のころより残る南昌路

ちを「本島人（ほんとうじん）」、日本本土からやってきた人々を「内地人（ないちじん）」と呼び分けた。児玉町に住んでいたのは主に内地人で、川を隔てた台北郊外の新店（シンディエン）へとつづく街道沿いにはたくさんの商店が立ち並び、「商人街」の別名もあったそうで、さぞかし賑やかだったに違いない。

日本統治が始まったころの台湾総督には、明治維新以降に陸海軍の中心を担った薩摩（鹿児島県）や長州（山口県）出身の軍人が多い。その理由として、初期台湾総督は各地で頻発する武装蜂起を平定するのが主な任務だったので、武官から任命されることがほとんどだったことがあげられる。

随筆家・白洲正子の祖父にあたる鹿児島市出身で初代総督となった樺山資紀（かばやますけのり）ほか、第2代・桂太郎（山口県萩市）、第3代・乃木希典（同下関市）、児玉源太郎（同周南市）、第5代・佐久間左馬太（さくまさまた）（同萩市）と、多くが薩長出身者で占められている。明治維新から始まった日本の近代化の大きな流れのなかを、台湾もまた、泳いでいたのだった。

児玉町の西側に隣り合った「佐久間町」の名前は、そんな長州出身台湾総督のひとり、佐久間左馬太から取られた。9年間におよぶ在任期間は総勢19名の台湾総督のなかでもっとも長く、市街地や鉄道のインフラ、阿里山（アーリーシャン）の山林開発など多くの事業を手掛けた。なかでも理番事業（りばんじぎょう）

1930年地図

と呼ばれた原住民族政策においては厳しい武力鎮圧のほか、阿里山鉄道が開通した1911年には原住民族の頭目たちを日本観光に連れていくなどの懐柔策も行い、さまざまな角度から取り組んだが、この観光団のなかにいたのが「霧社（むしゃ）事件」の中心人物となったセデック族の頭目モーナ・ルーダオだった。

霧社事件とは、1930年台湾中部の現・南投仁愛郷（ナントウレンアイシャン）にあった霧社地方の小学校で行われた運動会において、134名の日本人が殺害され、その報復を受けたセデック族の644名が亡くなった、原住民族による抗日事件である。

霧社事件といって真っ先に思い浮かぶのが、これを題材にとった台湾映画『セデック・バレ』（魏徳聖（ウェイダーセン）監督／2011年）だ。台湾アイデンティティの高まりとシンクロして社会現象ともなったこの映画では、部族の誇りを奪われたセデック族と近代化を持ち込んだ日本人の「文化vs文明」の闘いが描かれ、この映画のヒットはこれまで台湾社会で冷遇されてきた原住民族文化の地位向上や、その文化に目が向けられるきっかけとなった。台湾における日本時代の事物は過去のことではなく、いまでも台湾社会に大きく影響をおよぼす可能性を秘めているのである。

霧社事件の原因には、日本の警察の権威が山地で強くなり過ぎたこと、公共の土木工事の低賃金への不満など多くの要素が含まれるが、山林資源の開発によって原住民族の狩猟の場が激減したこともそのひとつといわれる。台湾東部の花蓮（かれん）で起こった最大武装蜂起事件「タロコ戦争」での怪我がもとで命を落とした佐久間だが、佐久間自身の命のみならず、その死から15年

佐久間左馬太ゆかりの了覚寺は、今は十普寺という寺院となった

後、文化と文明との摩擦はさらなるおびただしい犠牲を要求し、霧社事件は時限爆弾のように爆発したのである。

南昌路と同安街（ドンアンジェ）の交差点に建つ「十普寺（シープースー）」は、釈迦牟尼仏を本尊とする寺院だが、戦前は了覚寺（りょうかくじ）といい佐久間左馬太ゆかりの寺だった。建立されたのは１９０５年。古亭に住む日本人を対象とする布教所で、京都西本願寺そばで廃寺となった寺号と伝来の宝物が引き継がれたものである。佐久間の13回忌には胸像がつくられ、遺品の軍刀・軍服・軍帽が寺へ寄贈されたというが、それから90年。戦後には十普寺と名をあらため何度も改築が繰り返されたいま、そのマンション型の外観にかつての面影をみることはできず、佐久間の胸像や遺品についてゆくえを知る人もない。

長州出身でありながら唯一文官として台湾総督

陳澄波『東台湾臨海道路』（安渓遊地氏提供）

をつとめたのが、山口県防府市出身の上山満之進だ。上山が第11代台湾総督に就任したのは1926年。それから約90年後の2015年に、大きな知らせが台湾美術界を駆けめぐった。台湾を代表する油絵画家・陳澄波の行方不明になっていた作品『東台湾臨海道路』が、山口県防府市の図書館の倉庫からみつかったというニュースだった。

じつはこの市立図書館、上山満之進が晩年に自身の蔵書と私費を投じて設立に寄与した「三哲文庫」を前身とする。どうやら上山から寄贈されたなかに『東台湾臨海道路』も含まれており、移転や建て替えを経るうちに倉庫に仕舞われたまま長い間忘れられていたものが、偶然発見されたのだった。

上山は台湾総督を退く際に、慰労金を二つのことに投じた。ひとつは台北帝国大学に依頼した原住民族研究、そしてもうひとつが油絵『東台湾臨海道路』の制作である。

『東台湾臨海道路』は、台湾東海岸の花蓮にある断崖絶壁を描いたものだ。うずくまった巨大動物のような山の絶壁に食い込む紺碧の海。その山沿いの細い道を、原住民族の母子が歩いている。沖には小さな木造の舟が浮かんでいる。台湾東部の自然のダイナミズムを存分にあじわえる油絵をふちどるのは、台東沖の蘭嶼（諸島）に暮らす原住民族・タオ族独特の意匠が彫られた額だ。

実際、台湾総督在任期は1926年から28年のわずか2年だったものの、上山はその間、原住民族の暮らしや文化に高い関心を持って原住民族の暮らす山々を熱心に視察して回っていたという。上山を研究している児玉識氏は、アミニズムと祖霊信仰を大切にする台湾の原住民族に上山は日本人が失ってしまった精神の原型をみていたのではないかという。また、ある台湾の知人は、もし上山があと2年先まで、霧社事件が起こった1930年まで総督として在任していたならば、毒ガスといった非人道的な化学兵器を総督府が原住民族に向けることはなかったのではないかともらした。

この絵の作者である陳澄波（1895—1947）は、台湾南部の嘉義出身で、東京美術学校（現・東京藝術大学）に学び台湾人として初めて帝展に入賞、日本画壇の巨匠・梅原龍三郎や藤島武二に

左は上山満之進の子孫・上山忠男氏、
右は陳澄波の長男・陳重光氏

認められるが、日本の美術界で台湾人として成功することに限界を感じ、上海に渡った。太平洋戦争の激化とともに台湾に戻り、郷土の美しい風景を描いた作品をたくさん残したが、どの作品にも近代化と伝統のあいだで引き裂かれる故郷・台湾への愛惜が塗りこめられている。戦後、日本が去った後に台湾を接収した国民党政府の下で勃発し、約1万8000人もの人々が犠牲になったといわれる二・二八事件に巻き込まれ、52歳のとき嘉義駅の前で銃殺された。戒厳令下の台湾で、その存在はずっと伏せられてきたものの、民主化につれて再評価が進み、その悲劇性も手伝って、香港の国際オークションで5億円前後の高値がついたこともある。

そんな高額で売買される画家の絵が地方の小さな図書館でみつかったものだから、発見当初はてんやわんやの大騒ぎとなり、作品はいつのまにか福岡の東アジア美術館に貸し出されてしまう。しかし、台湾との歴史をつなぐ郷土の財産を取り戻そうとの市民の声の高まりにより、2019年の秋にようやく防府へと里帰りすることが決まった。防府市ではこれを機に、台湾の嘉義市と友好関係を深めていきたいと盛り上がっているようだ。

南菜園のY字路

南昌路をさらに北へ行くと和平西路(ハーピンシールー)にさしかかり、大きなY字路がみえ、その向こうにタワーマンションがにょきりと生えている。日本人タレントとの電撃結婚でアジアを沸かせた台湾の誇るミューズ、林志玲(リンツーリン)が住んでいるというので有名な超高級マンションだ。

日本時代の住所は「児玉町四丁目」、マンション手前のY字路の部分は三角公園になっていて名前を「南昌公園(ナンチャンゴンユエン)」という。児玉源太郎が暮らした別荘「南菜園」があった場所で、茅葺きの庵のそばに九州から運んできた藤の樹を植え、児玉は自分を「藤園主人」と称し、南菜園にまつわるこんな七言絶句を詠んでいる。

古亭莊外結茅廬　畢竟情疎景亦疎

雨讀晴耕如野客　三畦蔬菜一床書

敷地内には魚や水鳥が泳ぐ池や木造の家屋があり、夫人が丹精した畑では児玉も一緒に種をまいて休日を過ごしたようで、児玉がつくったこの漢詩は、激務のあいまを縫ってすごしたつかのまの穏やかな空気に満ちている。

台湾総督在任中も、本土の内閣で各大臣を歴任しつつ、満州軍総参謀長として日露戦争に参加するなど各地を飛び回っていた児玉源太郎。それだけ優秀な人だったのだろうが、台湾総督を退任したその年のうち、自宅で脳溢血(いっけつ)により急死する。享年55歳だが、今でいう過労死ではないだろうか。児玉が亡くなった翌年、1907年の地図をみればY字路の左側は水路である。ここから引かれた水で野菜を育て、鶏が走りまわる庭に咲く藤の花を眺める時間がもう少しあったならば、あるいは児玉も、もうちょっと長生きできたかもしれない。

戦後には、中華民国6代副総統を務めた謝東閔(シェドンミン)が台湾師範大学の学長だったころに、この南菜園で家族と暮らした。謝東閔の弟による伝記『平凡人生』では、南菜園に謝の一家が引っ越してから藤の木が枯れるまでの2年間、春になると紫の花がなんとも美しかった、とある。つまり児玉源太郎が1906年に亡くなったあと、戦後に謝東閔が南菜園に来た1948年まで、藤の花は50年近くも毎年のように、季節を違えることなく花を咲かせたことになる。

日本が台湾を領土とした当初、日本から渡ってきた軍人は戦闘よりも多くは風土病で倒れたが、そのなかのひとりが日本軍を率いた皇族の北白川宮能久(よしひさ)親王で、マラリアにより亡くなった。そんな北白川宮を祀るため、現在の台北市のランドマークともなっている円山飯店(ユエンシャンファンディエン)の場所に台湾神社が建てられたときの台湾総督も、やはり児玉源太郎であった。

児玉が亡くなってからおよそ20年後の1926年、若くして未亡人となった北白川能久親王妃富子が夫の祀られている台湾神社を参拝するため台湾を訪れたときには、児玉がかつて暮らしていたここ南菜園にも立ち寄り、こんな歌を残している。

1907年地図

かつて南菜園があった場所は南昌公園となった。現在は南福宮という廟のなかに、北白川能久親王妃の歌の碑が残る

国のため　たてしいさをは　もりそにの
山より高く　おもほゆるかな

もりそに、は台湾最高峰で日本時代には新高山（ニイタカヤマ）と呼ばれた玉山（ユイシャン）のことである。国家のために奔走し、亡くなった児玉を讃える歌で、夫を祀る神社を建ててくれた児玉への感謝の気持ちが読み取れるが、もうひとつ、こころざし半ばで病に倒れた夫と児玉を、どこかで重ね合わせていたのかもしれない。

いまは南菜園の建物は残っておらず、南福宮（ナンフーゴン）という廟のある緑濃い公園にかわり、近所に住む人々の憩いの場となっているが、能久親王妃の歌が彫られた石碑は、いまも南菜公園のなかにひっそりとある。

さて猫がみつけた児玉源太郎の首はその後、どうなったのだろうか。首の主（ぬし）はその死の翌年、1907年に台南市中心部の大正（たいしょう）公園（現・湯徳章紀念公園（タンダーチァンジーニェンゴンユェン））に建造された児玉源太郎像であることがわかった。石材にはイタリアから輸入された雪のように滑らかなアラバスター（雪花石膏）が使われており、戦後に行方がわからなくなっていた。奇しくも、陳澄波の『東台湾臨海道路』が日本でみつかったのと同じ2015年のことである。時間という神様は、台湾の路上に濃い影をつくるガジュマルの樹の下に、時を超えて日本と台湾をつなぐタイムカプセルを、そっと埋めてくれているのだ。

4

石とＹ字路とわたし
「辺界」に出会う

⑩ 石隠れのＹ字路〔暗渠関連型〕
⑪ 境界Ｙ字路〔幹線延長型〕
⑫ オアシスＹ字路〔暗渠型〕

石隠れのY字路

景美渓(ジンメイシー)で取水され、公館(ゴングァン)まで流れてきて温(ウェン)州街(ジョウジェ)で三方に分かれた水路のひとつ第三霧(ディーサンウー)裡薛圳支線(リーピージェンツーシェン)にまつわる水路が、このあたりを北に向かっている。浦城街(プーチォンジェ)16巷も、古い地図（74頁）をみれば少なくとも1930年までは水路であったらしい。つまりこの付近に複数多発しているY字路とは、古い水路の痕跡なのだ。

これら暗渠型Y字路のひとつ、浦城街のY字路で鋭角の植え込みに隠れる碑のような石をみつけた。ずんぐりとした円すい形で、庭石のようでもあり、字は特に書かれていない。

台湾でY字路さがしを始めたときから期待しているものがあった。石敢當（いしがんど

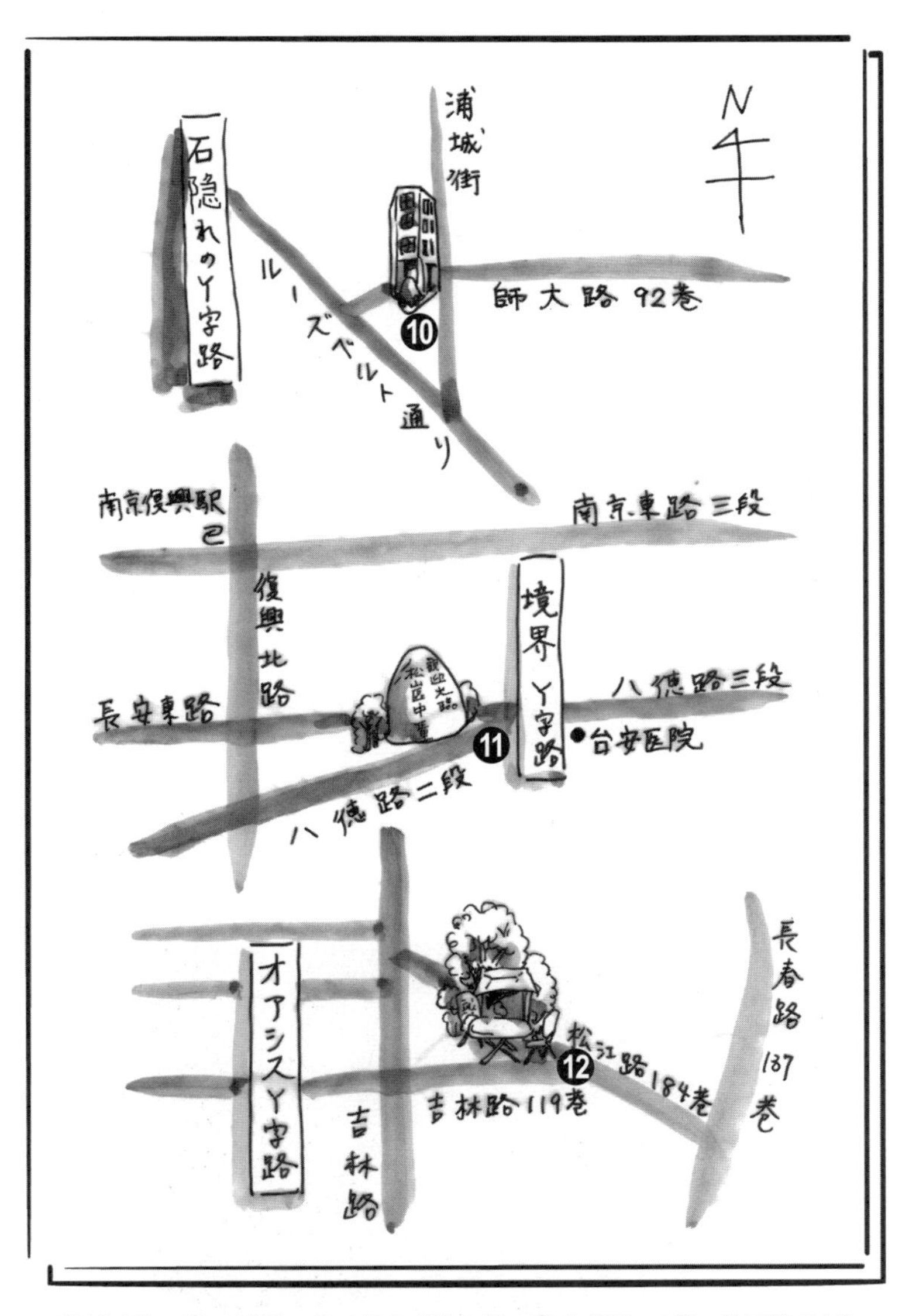

⑩ 浦城街　⑪ 八徳路二段×長安東路二段　⑫ 吉林路119巷×松江路184巷

う・いしがんとう・せっかんとう）と呼ばれ、T字路や三叉路の突き当たりに置かれる魔除けである。

沖縄や奄美で「マジムン」と呼ばれる魔物は、まっすぐにしか進めない性質を持つという。曲がることのできない魔物は、T字路・三叉路では直進して突き当たりの家に入り悪さをするが、石敢當にぶつかれば砕け散ってしまうらしい。石敢當の由来は中国五代の時代・晋の国にあった勇士の名前とも力士の名前ともいわれているが、明確な根拠はないようだ。日本では鹿児島や沖縄でよくみられるが、もともとは中国福建から伝わったという。福建にルーツを持つ人の多い台湾なら、かならず石敢當もあるに違いない——そんな思惑とは裏腹に、いまだ台北のY字路で石敢當らしきものを発見できていない。

その後、台湾中部にある彰化県（チャンファシエン）を訪れた際にいくつかみつけることができた。ひとつは、日本時代には彰化（しょうか）神社があり、現在は大仏で有名な八掛山（バーグァシャン）山門の向かいあたり。もうひとつは、古くは港町として栄えた鹿港（ルーガン）にて、台湾五大資産家のひとつ辜家（グージャ）（日本で活躍する経済評論家のリチャード・クー氏はその末裔）の邸宅

浦城街のY字路の植え込みのなかにみつけた石。
いつからあったものなのだろうか

浦城街のＹ字路。浦城街の一部はかつて水路だった

の庭でみつけた（現在は民俗文物館として一般公開されている）。どちらもY字路にあったわけではないが、道や庭の入り口に建っていた。

日本の路上にも、石でできた魔除けの神様がいる。久那(くな)土神(とのかみ)といって、集落の境界や辻・三叉路に立つ神として古くから信仰されており、道祖神(どうそじん)の原型とされる。「くなど」は「岐」とも書き、下界から集落に入ってくる悪霊や敵を防ぐ役割があった。岐路に立つ神、つまりY字路の神というわけだ。

岐(くなど)の神は、ほかにも日本神話において、猿田彦(さるたひこ)と同じように語られることがある。猿田彦は日本神話のはじめ天孫降臨の際に、天照大神の道案内をしたといわれる神様だが、そのときに猿田彦が立っていた場所を「天(あま)の八衢(やちまた)」という。「八衢」は、ふるくは三国志にもみられる言葉で、いくつにも分かれる道を指す。中国語では「四通八達的大道(スートンバーダーダダーダオ)」、つまり四方八方に通じる岐路という意味で、猿田彦の道案内とは放射状にのびるなかから正しい道を指ししめす、というものだっ

1930年地図。左上に向かう水路は現在浦城街16巷の暗渠になった

鹿港民俗文物館の庭でみつけた石敢當

たかもしれない。

台湾西側の中部にある南投県（ナントウシェン）の、中央山脈を越えて東部の鹿野郷（ルーイエシャン）に通じる「八通關古道（バートングァングーダオ）」にも、名前に衢（ちまた）の一字を持つ巨大な石があって史跡となっている。この古道は、1874年の牡丹社（ぼたんしゃ）事件をきっかけに清朝が台湾を重視するようになった結果、台湾における利便性の向上が図られ、東部と西部をつなぐ道が開通した。

台湾の歴史における大きなY字路ともいえる牡丹社事件だが、日本では「台湾出兵」というほうが馴染みがあるだろう。台湾に漂着した宮古島の漁民が台湾原住民族パイワン族に殺されたことを口実に、明治政府が初めて行った海外出兵をいうが、この事件をきっかけにして琉球王国は日本の領土となる。現代でも沖縄の問題は日本の重要イシューのひとつだが、沖縄が日本の一部となった過程に台湾がふかく関わっていることは、日本ではあまり知られていないのではないだろうか。

「八通關古道」の上にある巨石の名「萬年亨衢碣（ワンニェンホンチュジェ）」は、清朝に属する台湾の恩恵が永久につづくようにとの願いが込められているが、結果的にはこの牡丹社事件をきっかけに日本が台湾の歴史に大きく関与するようになり、それが清朝から日本への台湾割譲へとつながったのだから皮肉である。

境界Y字路

岐路に立つ石が境界を表わすY字路を、現代の台湾でみつけた。場所は日本人の妊婦さんやお母さんがた御用達で、日本語に堪能なお医者さんがいると昔から評判の台安医院（タイアンイーユエン）からすぐの場所である。Y字路向かって左側の道路が八徳路（バーダールー）で、華山公園（ファシャンゴンユエン）までのびて忠孝東路（チョンシャオドンルー）と交わる。右に行けば中山北路（チョンシャンベイルー）を境に長安西路（チャンアンシールー）へと変わり、さいご淡水河（ダンシュエイホー）へと行きつくまで、ながくながくのびる長安東路（チャンアンドンルー）だ。

1952年の地図をみると、長安東路はもともとは復興北路（フーシンベイルー）までしかなかった。のちにそれが延長されて八徳路と鋭角に交わるようになる、ここはそんな成り立ちの「幹線延長型Y字路」だ。清代のこのエリアの呼び名を中崙荘、現在は中崙里（チョンルンリー）という。「崙」という字はもともと小高い丘を指したので、八徳路がゆるやかにカーブしているのも、丘陵のふもとに沿って道が拓かれたからかもしれない。

そんなY字路のあいだに立つ石の上には「歓迎光臨松山區中正里」と書かれている。この石までが「中崙里」、これか

1952年地図

ら先に進めば「中正里（チョンツェンリー）」である。石の存在が、市よりさらに小さな単位である「里」の境界を表わしている例だ。

争いの種になるのもまた「境界」で、尖閣諸島や竹島・南沙諸島問題など、国の境界が国際社会に大きな影響を与えることはいうまでもないが、たとえば他国からの伝染病の感染ひとつとっても、国境は大きな意味をもつ。今のように科学や医学の発達していない時代を思えば、小さな集落単位で、村を破滅に導くかもしれぬ伝染病を境界で封じる必要があった。その役目を果たしたのが岐の神であり、道祖神だったのかもしれない。

『日本書紀』では、死んだ妻イザナミを地獄へと迎えに行ったイザナギが、蛆わき変わり果てた妻の姿をみて逃げ帰る際に、現世とあの世をつなぐ黄泉比良坂（よもつひらさか）の境界をふさぐ「千引（ちびき）の岩」ができたといわれるが、この岩は岐の神であったとの説もある。これらに代表される道祖神信仰は、中国道教をはじめいろんな宗教が融合したものともいわれ、あるいは台湾・沖縄・奄美などに中国南方から伝わった石敢當信仰とルーツを同じくするのかもしれない。

まち歩きをしていると、道祖神というわけでもなく、石が道の角や家の脇に置かれているのをよくみかける。それならこれらの石は、いつから何のために置かれ、果たしてだれの所有物

中崙里と中正里の境界にある石

なのだろうか。

オアシスY字路

台湾でY字路についての書籍を出版したあと、大阪でそれについて話す機会があった。喋り終えたあと、声をかけてくれた男性がいた。わたしの母校である京都市立芸大の先輩にあたる方で、Sさんといった。Sさんは以前、大阪の公共空間の環境デザインに関するお仕事をされていたという。定年後に大阪府大の研究室で修士号を取られたそうで、その論文のひとつを下さった。論文名は『置石(おきいし)考――プライベートとパブリックの境界領域に見る生活風景』。公共とプライベートの境界における、置き石の役割や歴史について考察したものである。Sさんによると、現代社会に置石の出現した社会的要因はいくつかあり、要約すれば、

「1950年代以降、和風住宅の庭にあった景石や手水鉢、踏み石などが住宅の縮小／分譲によって不要となり、道路に出された」

「生活の利便性が向上し、かつて使っていた漬物石や石臼などが処分場に運ばれることなく境界領域に残った」

「河川や用水路の改修や埋め立ての際に、石垣として機能していた石がそのまま残った」

「自動車社会への移行に道路インフラが追いつかず、車両が建物を壊す事故が増加したため、建物を守るための車除けとして石が置かれた」

という。さらにその後、置石たちは、

「ひきつづき車除けとして」
「プランターや植木鉢の台座へと役割をかえて」
「境界領域の守り神として」
「いつか再利用できるかもしれない」という「微弱な可能性幻想に支えられながら冬眠」し、誰のものでもない「路傍の石」として、存在しつづけている（再利用される可能性はほとんどないのだが）。

こんなふうにSさんは考察している。

まち歩きのなかで視界のはじっこに映りこむ、とるに足らぬ名もなき石たち。そんな彼らに、こんなにも温かな視線を注いでいるSさんの『置石考』はめっぽう面白く、それからSさんとはSNSでつながってやり取りするようになった。まち歩きや下着作家の鴨井羊子を愛好するなど、Sさんとは共通点がたくさんみつかった。ひとり台湾でY字路さがしをしていたわたしに、力づよい味方ができた気持ちだった。Sさんがあげた三つめの要因「河川や用水路の改修や埋め立ての際に、石垣として機能していた石がそのまま残った」というのは、暗渠型Y字路の角に置き石が多いという謎に対して、膝を打ちたくなるほど得心のゆく答えである。

Sさんは、公共とプライベート、または何かしらの空間の境目を「辺界」と呼んでいた。辺界とは境界に存在する世界である。国同士の戦争と同じく、境界が厳密であればあるほど、そこにはぶつかり合いと諍いが生まれる。また「わたし」が外の世界に滲み出したり外の世界が「わたし」に影響を与えたりする、その間も辺界で、その在りかたによって「わたし」の人生は苛酷にもなれば豊かにもなる。まちも同じで、公共とプライベートの辺界の在りかたによって、生活空間はより心地よく包容力あるものにできるのではないか。そのためには、まちのデザインのなかに辺界をどう生かしていけばよいのか。

いつか台湾か大阪で朝まで呑みながら、そんな話をしたいですねと言いあってからしばらく経ったある日の朝、SNSを通してSさんの訃報を知った。くも膜下出血で、玄関で倒れていたのを奥様がみつけられたという。そんなわけで、結局Sさんとお目にかかれたのは1回きりとなってしまった。

それでも、台湾のまちを歩いているときにSさんに再会したような気持ちになることがある。たとえば、タイヤとサドルのない自転車が置き石がわりに家のまえに立てかけられているのをみたとき。突然歩道をさえぎるように出現するガジュマルの樹に遭遇したとき。あるいは、Y

字路になった一般道（つまり公共の空間）の真ん中に、椅子とテーブルがオアシスみたいに置かれていたとき。こうした辺界は、かぎりなく優しくゆるやかだ。台湾の都市空間に親しみと好ましさを感じる日本人は少なくないと思うが、そのヒントはもしかしたら、台湾のまちの辺界に隠されているのかもしれない。

まちのなかに突如出現したオアシスのようなＹ字路

5

味覚の記憶地図
師範大学から永康街へ

⑬ 死体拾いのＹ字路〔暗渠関連型〕
⑭ 連雲街のＹ字路〔暗渠型〕

死体拾いのＹ字路

浦城街（プーチォンジェ）から師大夜市（シーダーイエシー）で有名な師大路（シーダールー）を北にいけば、真ん中に師大公園（シーダーゴンユェン）がみえてくる。この公園、別名を「撿屍公園（ジィエンシーゴンユェン）」ともいうらしい。「撿屍體（ジィエンシーティ）」というのは死体拾いの意味で、女の子に酒を飲ませ前後不覚にしてから悪さをする、という意味のクラブ用語だ。

戦後、ここ師大夜市のあたりには違法のバラックが建てられ、露天商が立ち並んでいたらしい。地図をみれば当時はそのあたりに貯水池があり、黒澤明が三船敏郎とはじめてコンビを組んだ映画『酔いどれ天使』（1948年）を彷彿とさせる。映画の公開は太平洋戦争が終わって3年目、闇市をはじめ戦後間もない日本の渾沌とした空気をあざ

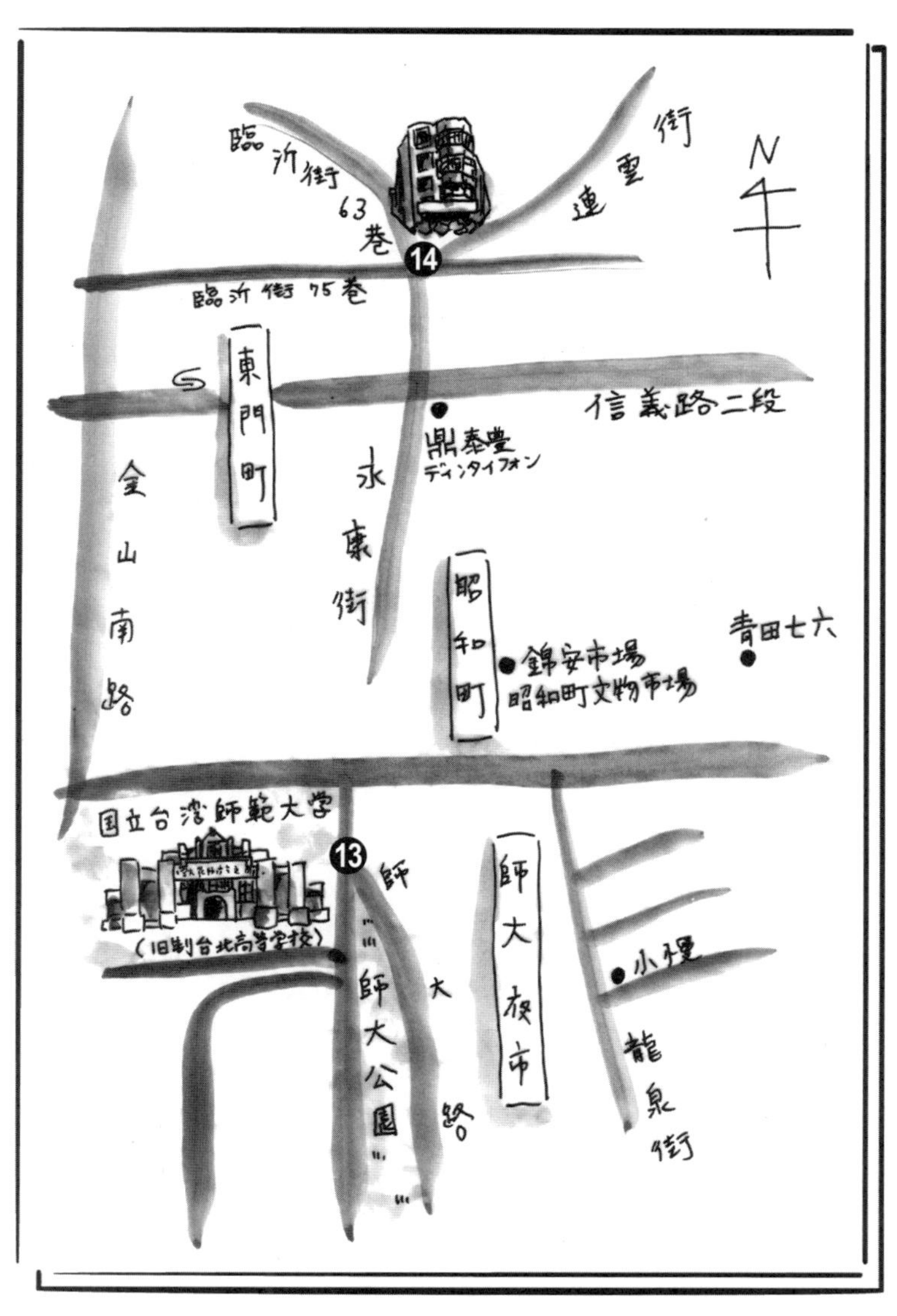

⓭ 師大路　⓮ 連雲街×臨沂街63巷

やかに映しだし、まちの中心に湧く悪臭ただよう沼地が舞台だった。

師大路の名前の元になった台湾国立師範大学は、日本時代は旧制台北高等学校といい、元総統の李登輝（リーデンフェイ）氏も通った学校だ。1930年の地図をみると、学校をぐるりと囲んでいた水路が、「死体拾い公園」Y字路のちょうど先あたりにあり、現在の師大路の一部を成していたことがわかる。

そもそもこのあたり、かつての台北府城南側にあたることから「城南」と呼ばれ、多くの作家や学者・文化人が暮らす文教エリアである。夜市に集まってくる若者を目当てに、衣服やアクセサリーの露店商が軒を連ねるようになった2007年ごろから、作家の韓良露（ハンリャンルー）氏はここを「南村落（ナンツンルオ）」と名づけて、台北の飲食文化や生活美学を象徴するエリアとして打ちだす。これが台北の美食とファッションの一大メッカとして多くの雑誌や旅行番組で取りあげられ観光客を惹きつけた結果、深夜まで外国人が馬鹿騒ぎする飲食店がふえ、不衛生になり、まちの環境悪化につながった。それが冒頭の「撿屍公園」と呼ばれるまでの事態に発展していく。

おりしも台北の土地の価格がウナギ登りの時期であった。このあたりの土地の値段が上がらないのは環境のせいだとなれば、住民が黙っていないのも無理はない。2011年には周囲3

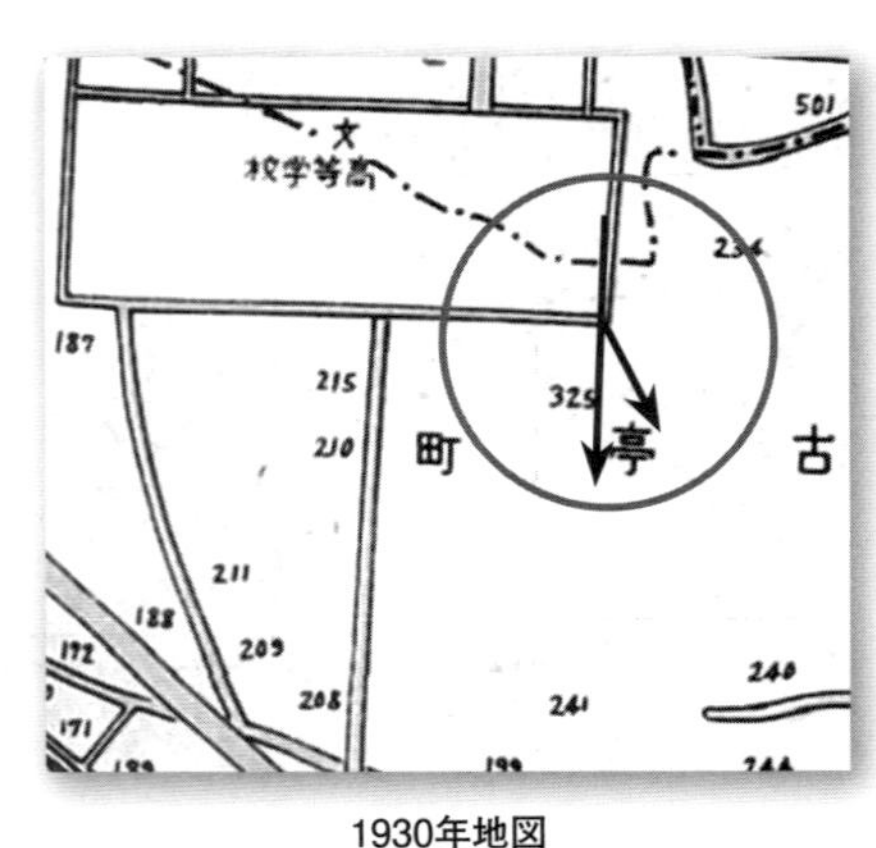

1930年地図

地区による合同組織がつくられ、違法な店や衛生悪化の原因となる飲食店の排斥をかかげて住民運動が巻きおこり、政府も介入する騒ぎとなった。

のちに3地区合同組織のなかで内輪もめが勃発し、政治的な汚職疑惑にまで飛び火して組織は解散。おかげで師大夜市も存続するはこびとなり、いまにいたる。それでも多くの店が閉店や移転を余儀なくされ、ずいぶんと様相は変わってしまった。とはいえ、日本人ファンも多い茶芸館・小慢（シャオマン）に代表される、生活美学を持った店がいまも営業をつづけ、2015年に早世した韓良露氏の南村落の夢をいまに伝えているのは幸いだ。

師範大学からさらに北へ進むと、永康街（ヨンカンジェ）に着く。日本人観光客が多く訪れるエリアで、小籠包（ショウロンポー）で名高く台湾美食の代名詞ともいえる鼎泰豊（ディンタイフォン）本店やマンゴーかき氷のお店には、長蛇の行列ができている。

台湾に行ったらなに食べたい？　と日本人に聞けば、小籠包とマンゴーかき氷はおそらく上位に入るだろう。しかし、厳密にいえば小籠包は台湾料理とはいえないかもしれない……と聞けば、驚く日本人は多いのではないだろうか。台湾を代表するレストランの看板料理が台湾料理ではないとは。では小籠包とは、いったいどこの料理なのか？

近年になって中国料理の世界では「八大菜系」という区分ができ、中華料理を地方や料理法・食材などによっておおまかに8つの系統に分けている。この8つに何料理が入るかは諸説あるものの、一般的には日本でもよく知られる広東料理や四川料理もそのひとつで、ほかに山東、江蘇、江浙、安徽、福建、湖南があげられる。小籠包の名店鼎泰豊はこのなかで、上海や蘇州・杭州を中心とした江浙菜（ジャンスーツァイ）のお店であり、小籠包もそこに含まれるというのが一般的かもしれない。それではなぜ、小籠包が台湾を代表する食べ物になったのか、それは台湾の歴史と深い関係がある。

1945年に太平洋戦争が終結し、台湾にいた日本人（約30万人）は引き揚げていった。それと入れ替わるように中国大陸から台湾へとやってきたのが国民党政権の軍人や政府関係者で、台湾は中華民国の「台湾省」として編入される。そして、中国共産党が北京に首都を置き中華人民共和国を建国する一方で、国共内戦に敗れた蔣介石率いる国民党が百数十万人の人々と一緒に台湾へと渡ってきたのが1949年のことだ。これら戦後に移住してきた人々の出身地は広大な中国全土にわたったので、台湾では各地の特色ある多彩な料理文化が花開くことになった。たとえば刀削麵や水餃子・肉まん・餅（びん）など小麦粉を使った料理は中国北方の山東料理だし、唐辛子や花椒を効かせたスパイシーな料理は四川料理、フカヒレやチャーシューなどは広東料理である。件（くだん）の鼎泰豊の創始者も、戦後に台湾へと渡ってきたひとりだ。当初は油の商売をしていたがうまくいかず、同じく移住者の上海（江浙）料理のオーナーから油とともに小籠包を売る商売を勧められ、始めたのが大当たりしたという。

では「台湾料理」とは、どんなものを指すのだろう。よくいわれるのはたとえばビーフンなど、日本が台湾を領土とする以前に台湾に移住した中国福建系の人々が持ち込んだ福建料理をベースに、台湾の気候や材料に合わせて発展し、さらに原住民族や客家（クージャー）、日本などの多様な文化が影響を与えたというものだ。

実際マンゴーかき氷で名高い台湾のかき氷だって、じつは台湾と日本のハイブリッドだ。もともと中華文化では、小豆や緑豆などいろんな豆を少し甘めに煮てぜんざいのように食べていた。一方、氷を細かく削って食べるのは日本では平安時代から記録があり、これが日本時代に台湾へと持ちこまれ、両者が合体して現在の「台湾風かき氷」ができあがった。さらにマンゴーなどのフルーツが載るようになったのはわりと最近のことである。

台湾のグルメエッセイストとして知られる作家・焦桐（ジャオトン）によると、大きな鉄板で肉や野菜を炒めるモンゴル焼肉もモンゴルにはなく、福州麵も中国福州にはない。ほかにも鹹豆漿（シェントウジャン）（だしと塩気の効いた豆乳スープ）や牛肉麵（ニョウロウミエン）など、実はどれも戦後に台湾で発明されたものだが、いまや立派な台湾料理として数えられる。台湾料理とは他の文化の流入を受けながら絶えず更新されているものであり、「鼎泰豊のショウロンポー」だって台湾料理といっても差し支えないのかもしれない。台湾料理の履歴は、台湾の複雑な歴史と切りはなすことができない。

連雲街のY字路

鼎泰豊から信義路（シンイールー）を挟んで向かい側の連雲街（リエンユンジェ）を少し入った場所に、Y字路があった。

1930年の地図をみると、北上していく「第二霧裡薛圳支線（ディーアーウーリービージェンツーシェン）」水路をみることができ、連雲街をはじめ風に吹かれる鯉のぼりが流れるように走っている道が、水路の流れに沿ってできたことがわかる。

このあたり、日本時代より以前は「三板橋庄（サンバンキャウツン）」と呼ばれたエリアの南端にあたるが、その後日本時代に入って区分けが変わり、永康街も含め一帯は「東門町」と名づけられた。

戦後になり日本時代の町名は全面的に改定される。

命名のしかたは、台北を4つのエリアに分け、それぞれに中国大陸の地名を同じ位置関係のまま縮小して当てはめるという、上海からきた建築士・鄭定邦（チォンディンバン）の編み出した方法で、これは上海でも採用されている。台湾で生まれた子供たちが、中国大陸に帰っても迷うことのないように。共産党政権を倒して祖国に戻るという反攻大陸政策をとっていた当時の中華民国政府の、「いつかぜったいに帰る」という宿願がまちの名前にまで感じられ、興味ぶかい。ちなみに、このY字路を形成している道路・連雲街は江蘇省連雲から、臨沂街（リンイージェ）は山東省臨沂からきているそうだ。

民国64（1975）年作成の中華民国地図では、首都は南京で、モンゴルまでが領土に入っている。これがわたしと同じ1970年代半ば生まれの台湾人が生まれたころの普通の教育

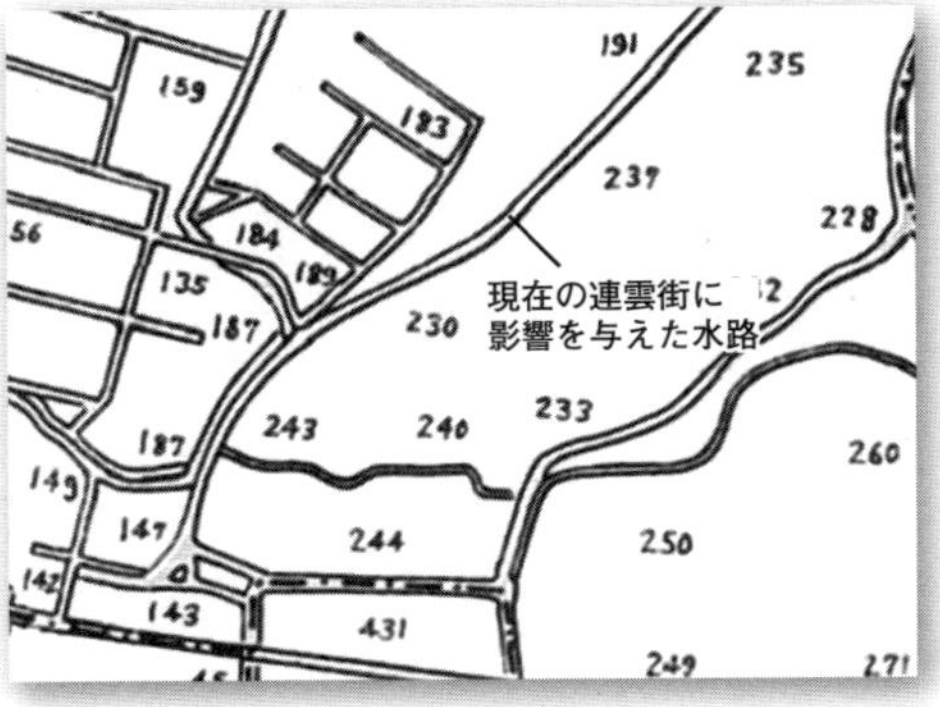

1930年地図

だったのだから、いまの自由すぎるほどの台湾からは、にわかに想像し難い。当時は、台湾における反日教育も現代の中国や韓国とは比較にならないほどの激しさだったそうで、歴史のテストで「南京事件で日本人の軍刀が何人を斬ったか」という問題がテストに出たとも聞く。日本軍による民間人への爆撃や市街戦を身をもって経験し身内を失った人々の記憶が癒えていないころの話である。

城南地区に「南村落」の夢をみた韓良露氏は、次々と姿を消す昔ながらの屋台やレストランにまつわる記憶を情感ゆたかに描いた『台北回味（タイペイフェイウェイ）』という作品のなかで、江蘇省出身の父親と台湾人の母親との思い出をこんな風につづっている（拙訳）。

——日本教育をうけた両親のもとで育った母親にとって、台湾式の日本料理はもはや「故郷の味」に等しかったが、逆に父親は日本料理屋にいくと食欲をなくし、店の外で手持無沙汰に煙草を吸っていた。江蘇省出身の父親にとって、日本と戦った記憶はまだあまりにも生々しかった。

戦後に中国大陸より移住してきた「外省人」と昔から台湾に住んでいる「本省人」。同じ漢民族でありながら大きく異なるバック・グラウンドをもつ韓氏の家族は、当時の台湾社会の縮図だった。同じ場所に存在しながら、まったく交わり合わないふたつの世界。それが当時の、

右側が水路の影響のある連雲街のＹ字路、手前においしいおこわ（米糕）の店がある

外省人の世界と本省人の世界だった。彼らは異なるレストランに行き、違うものを飲み食いし、まったく別の話をした。韓氏が小さいころに台北の多数派だった外省人の世界はその後、台湾は中国の一部ではなく独自の主体性を持つ、とみなす台湾本土化意識の強まりにつれて存在感を薄めていくが、味覚の記憶地図のなかでは、どちらの滋味もなくてはならない（「外省人」の呼称は現在、台湾では差別的な響きを持つとして公的には徐々に使われなくなっているが、ここでは引用した書籍の内容についてできるだけ正確なニュアンスを伝えるために用いた）。

台北とはなにか？　と問われて簡単な答えはない、それは自分は何者か？　と聞かれるに等しいと『台北回味』のなかで韓氏はつづる。家族の食を通した歴史から、その複雑性をみごとに描きだしたこの優れたエッセーは、最後、こんなふうに結ばれるのである。

——妻を亡くし70歳を超えて歯もぐらぐらするようになったころ、父はときおり日本料理屋に行きたい、と自分からリクエストするようになった。時はほんとうに憎しみを融かすのだ！

刺身を口にした父が南京を連想することは、もうなかった。

アメリカ西海岸なY字路

富錦街×富錦町77巷2弄〔不明〕

松山空港ちかくの、民生社区富錦街で出会ったY字路。

数多くの映画やドラマの舞台になっているこのエリアには、パイナップルケーキブームの引き金となった人気店「サニーヒルズ」の本店や台湾発セレクトショップ「Fujin tree」のほか、日本からはセレクトショップ大手のBEAMSも進出し、多くの芸能人や政治家が住まう場所として人気を集める。

わたしの好きな台湾のミュージシャンに蛋堡(Softlipa)というラッパーがいて、センスのいいヒップホップにのせる少々文学的な華語や台湾語のラップが大変クールなのだが、その蛋堡が所属するレーベル「顔社（KAO!INC.)」と同社が経営するヒップホップ・カフェも富錦街にある。

はじめて行ったときはまちの雰囲気も手伝って、なんだかアメリカ西海岸にワープしたような気分に陥ったが、それもそのはず、ここ民生社区は蔣介石夫人・宋美齢(ソンメイリン)氏の協力要請に米国が応えてつくられた、台湾で最初の「アメリカ式モデル・コミュニティ」。地下電線、豊かな街路樹と広く舗装された道路、一戸30坪以上の家々、各ブロックに設けられた公園・学校・病院・駐車場をそなえた「アメリカ標準」の住宅地である。松山(ソンシャン)空港が近いため、飛行機離着陸に影響がないよう建築物にも制限が設けられており、見上げた街路樹の向こうにみえる空を遮るものはない。

1895年の地図をみると、二つの渓流に囲まれていたこのあたりは、当時下東勢庄(エタンセーツン)と呼ばれていた。後に地図左側の渓流は慶城街(チンチオンジェ)↓敦化北路(ドォンファベイルー)へと流れる渓流支線となったが、現在は民族東路(ミンヅートンルー)沿いの敦化苗圃公園(ドォンファミャオプーゴンユェン)に一部、流れの痕跡が残されている。また右側の流れは、「第一幹線西支線(ディーイーガンシェンシーヂーシェン)」と呼ばれる水路となった後、1991年に廃止された。

日本時代には田園が広がっていた地域だが、そのうえにひろがる空は、今も変わることがない。

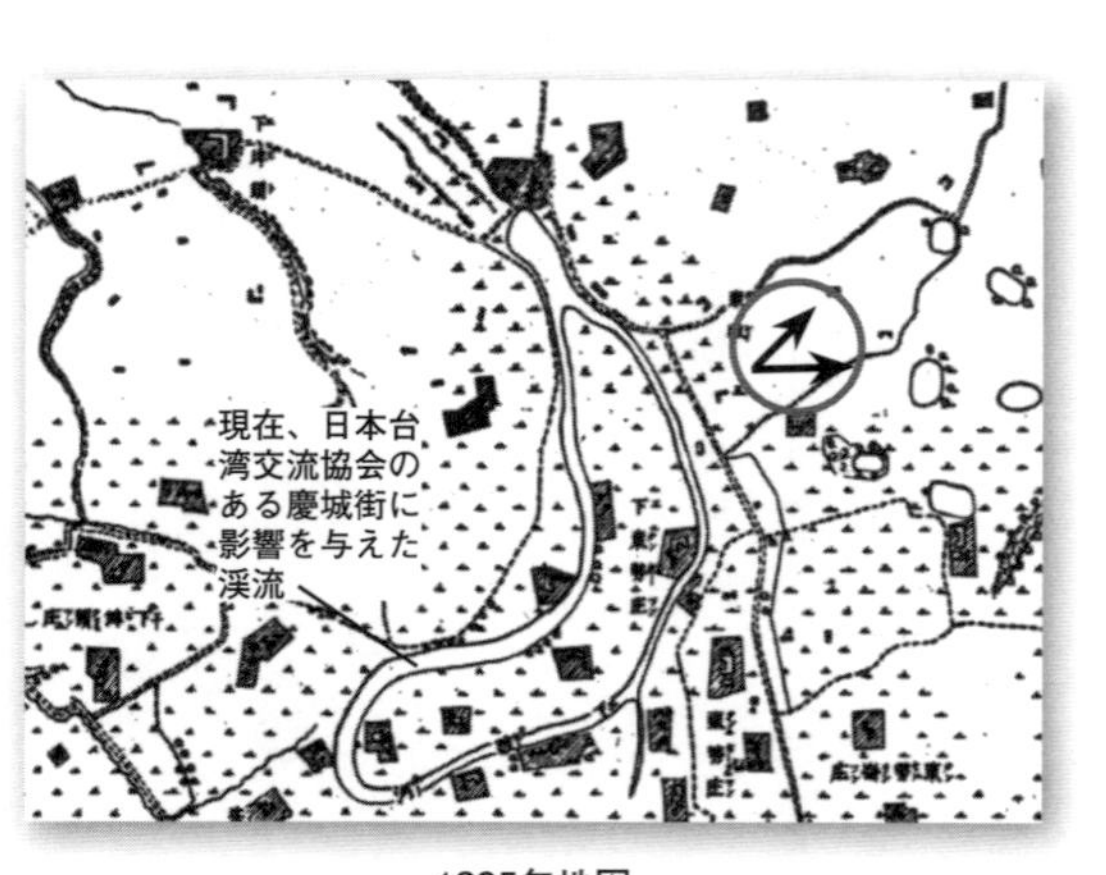

1895年地図

アメリカ西海岸のまちを思わせる民生社区のＹ字路

6

忘却のタイムスリップ わすれ形見のY字路

⑮ 老街入り口のY字路〔旧道型＋暗渠型〕

⑯ 凶悪事件現場のY字路〔不明〕

老街入り口のY字路

日本時代以前のこのあたりは柴竹圍庄（サーアウイツン）という名前である。柴竹圍とは、いまの大安森林公園（ダーアンセンリンゴンユエン）および建国南路（ジエングオナンルー）・信義路（シンイールー）交差点付近にあった林・蘇・周という三氏の暮らす集落が、竹や樹木にとり囲まれていたことに由来する。

総統府までまっすぐつながる台北の目抜き通り仁愛路（レンアイルー）に幸安国小（シンアングオシャオ）という公立の小学校がある。1933（昭和8）年に幸（さいわい）小学校（正式名称：台北州幸尋常高等小學校）として創立された歴史ある学校で、「幸」という字は日本時代のこのあたりの町名 幸町（さいわいちょう）からとられた。

東京都の千代田区にある内幸町（うちさいわいちょう）は、江戸城のお堀にかかっていた幸橋（さいわいばし）の内側という

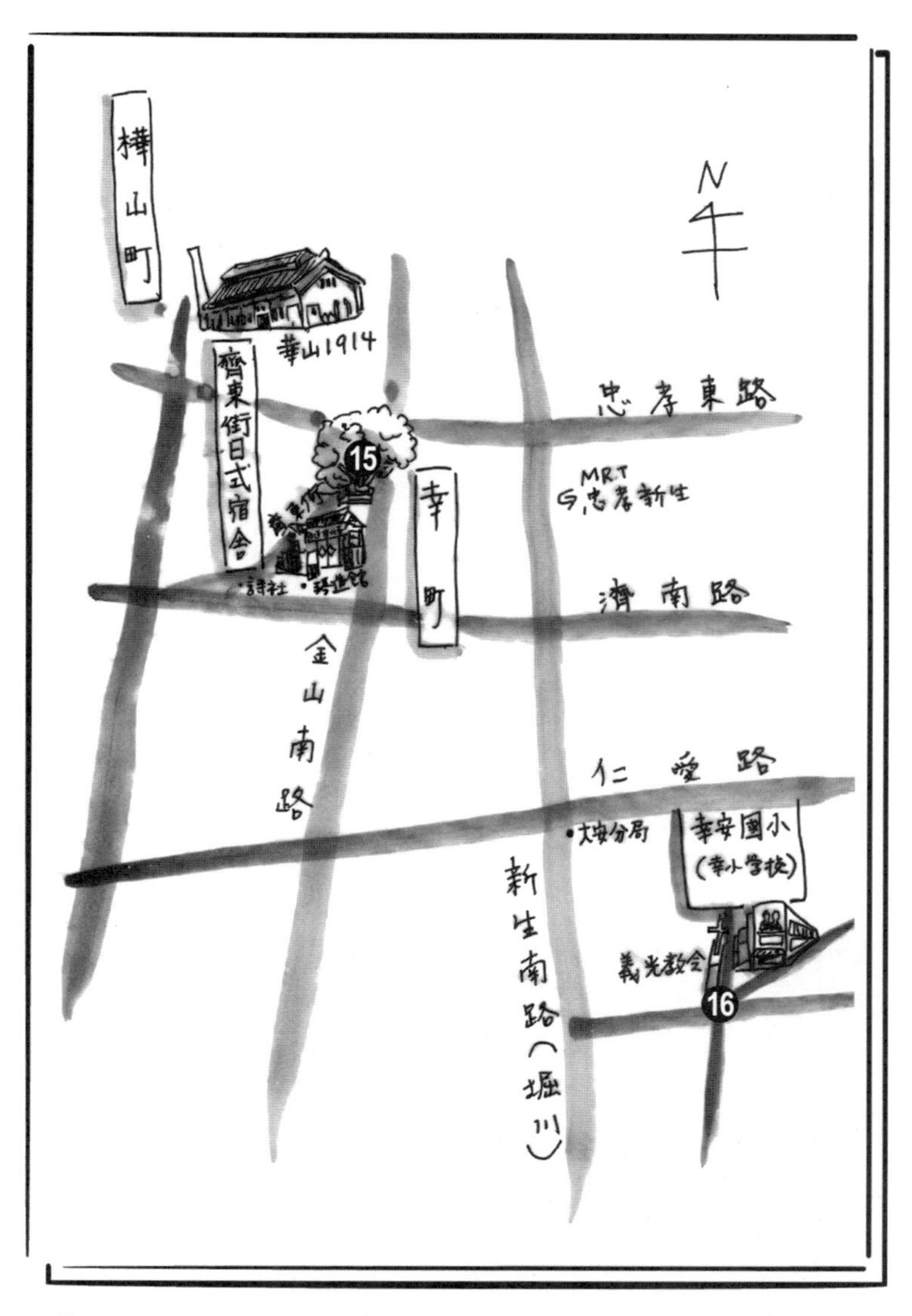

⑮ 齊東街×金山南路一段　⑯ 信義路三段31巷×建国南路一段304巷

のでつけられたそうだが、ここ幸町にも日本時代には人工河川があった。その名も「堀川（ほりかわ）」という。

堀川といえば真っ先に思いだすのが京都の堀川通で、鴨川と合流する河川が暗渠化して道路になったものだが、現在は晴明（せいめい）神社で知られる一条戻り橋付近に水流が復活し、部分開渠となっている。台北の堀川のほうも戦後に暗渠化され、現在は台湾大学の前から北の基隆河（ジールォンホー）に向かってまっすぐのびる幹線・新生（シンシェン）南路（ナンルー）（松江路（ソンジャンルー））となった。1948年の写真をみれば、現在の仁愛路と堀川が交差するところに橋がかけられているが、それが「幸橋」という名前だったかは定かでない。

日本時代には、現在の総統府から市政府に向かって堀川の橋を渡れば、その先には小さな通りしかなかった。つまり橋の東側に大きな道路はまだなかったので、台湾青春映画の金字塔『藍色夏恋（あいいろなつこい）』でチェン・ボーリンとグイ・ルンメイが自転車で疾走する大王椰子（だいおうやし）の並木連なるうつくしいあの通りは、戦後にあたらしく開けた道ということになる。

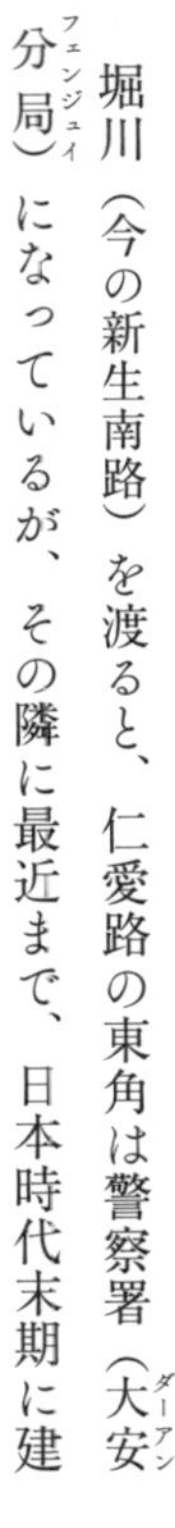

堀川（今の新生南路）を渡ると、仁愛路の東角は警察署（大安（ダーアン）分局（フェンジュイ））になっているが、その隣に最近まで、日本時代末期に建

1948年米軍航空写真

天気のよい日に朝陽を浴びながら仁愛路を歩くと、それだけで清浄な一日が始まる気がする

てられたと思われる古い木造の平屋があった。あの時代らしく和洋折衷の、緑とオレンジの入り混じった瓦屋根、白い壁には緑の木枠の窓がはめこまれた瀟洒（しょうしゃ）な家で、長いあいだだれも住んでいないようだった。まわりは次々と新しいビルに建て替わっているのに、そこだけが無人にもかかわらずポツンと残されているのがいかにもいわくありげで、調べてみると台湾でも十指にはいる鬼屋（グェイウー）（おばけやしき）だという。なんでも、取り壊しの計画があるたびに事故やらなんやらが重なるとか、好奇心から忍び込んだ若者たちの写真になにかしら写りこむとか、いろんな噂があった。

屋敷の正面には蓮霧（レンブ）の大木があり、みのりの季節になるときまってツヤツヤと青くちいさな蓮霧の実を大量に歩道へおとした。通りがかりに踏んづけてしまったときのグシャリという感触は、なんとも気味がわるかった。

ある年のながい夏休み明けにそこを通ると、その鬼屋はついに取り壊され、壁だけを残してすっかり姿を変えていた。隣のかつての幸小学校、現・幸安国小の生徒や保護者たちが登下校を始めたけれど、鬼屋がなくなったことに注意をはらう人はだれもおらず、もともと何もなかったみたいに通りすぎていく。こんなふうに、台北のまちは少しずつ、すました顔で姿を変えてゆく。そこに何があってどんなことが起こったかは、お風呂で溶けてなくなるボール型の入浴剤のように、微かな香りだけをまき散らしながら、シュワシュワと音を立てるうちに霧散してしまうのだ。

失くなってしまった鬼屋の隣にある幸安国小の正門を入ってすぐに、「自強不息」(たゆまぬ努力)と書かれた金属製の時計台があった。どうやら学校創立70周年の記念として卒業生から贈られたものらしく、側面に学校の歴史が書かれてあったので読んでみると、この学校は「民国22年4月」に創立され、初代校長の名前を「山本政右衛門」という。日本で

幸安国小の門近くにある時計台には、「たゆまぬ努力」という意味の言葉と小学校の歴史が記してある

は2019年の4月1日に元号「令和」の制定が決まったが、台湾では中華民国の建国とともに始まった「民国紀年」（中華民国暦とも呼ぶ）が使われている。しかし、実際に台湾において中華民国暦が使われ始めたのは、引き揚げた日本人の代わりに台湾を接収した中華民国政府の政治が始まって以降のことである。

民国元年が日本の大正元年であることさえ覚えておけば、民国22年は日本の昭和8（1933）年であると算出できるので便利がいいが、台湾がまだ中華民国政府によって統治されていないころの事象を民国暦でいうのは、日本で西暦が広く用いられるようになった明治維新以前のことを西暦でいうようなものかもしれない。つまり「泣くよ（794）ウグイス平安京」と歴史の時間に覚えるのは、本来ならばいろんな力学を持って起こった重層的な事象を単純に西暦といわれる時間軸に無理やり当てはめているだけなんだなと、この「民国22年に山本政右衛門が校長で成立した小学校」という表記をみながら考えた。西洋暦の利便性をじゅうぶんに認める一方で、日本の各時代の複雑な背景と多様性をイメージとして喚起させる「元号」に価値があるとすれば、そんなことがあげられる。

かつて日本時代に幸小学校に通っていたのは、幸町に住んでいた子供たちである。1920年から1945年のあいだ、総督府から近いこともあって、そばにはさまざまな階層の公務員が暮らす官舎があった。「幸町職務官舎群」といわれ、現在は齊東街日式宿舎（チードンジェリーシースーシァ）と呼ばれている。場所は、仁愛路から金山南路（ジンシャンナンルー）沿いに北へ向かってしばらく歩いたところにあるY字路のあた

老街入り口のＹ字路、右側が齊東街。右側を行くと、すでに修復の終わったものや、これから修復を待っているものなど、多くの日式建築が残る

中華的な古琴の文化と日本式家屋が融合している台北琴道館

りで、正面には「齊東老街（チードンラオジェ）」というサインがみえる。なにしろ左は高架、右は駐車場、奥はホテルとコンクリートばかりで情緒の微塵もなく「どこが老街？」と首をかしげたくなる風景だが、右側の齊東街をすこし入ればすぐに木造の家々をおおう瓦が視界を占拠して、ちょっとしたタイムスリップ感があじわえる。

齊東街日式宿舎は２００６年に台北市文化局によって歴史建築に指定されたが、これら日式建築群のなかで一番はじめに修復されたのが、「台北琴道館（タイペイチンダオグァン）」（２０１１年完成）である。原型にちかい形で修復された館内は雅趣に富んだ書院造で、仔細にみれば洋風のしつらえも取り入れられており、台湾らしい和洋折衷型建築をみることができる。運がよければ、仙人のようにながい髯をたくわえ古琴をつまびく文人に、出くわすかもしれない。

琴道館の裏側に位置する建物が、書に関する展示を行う台北書画院で2013年に完成した。日本時代は日本勧業銀行支店長の住居であったらしい。

1930年の地図をみると、Y字路右手の齊東街に沿って水路があったことがわかる。景美渓から引き入れられ、温州街で3方向に分かれたうちのひとつ第二霧裡薛圳支線が連雲街を通ってここまでやってきた。

琴道館と道路をはさんで済南路ぞいにあるのが齊東詩舍。戦後しばらくは高名な軍人・王叔銘将軍の住まいだった建物だ。清代―日本時代―戦後―現代の台湾で生まれた詩が展示されており、華語のみならず、日本語や原住民族の言葉など多様な言語で書かれている。

1930年には水路だったところが、その後24年間のうちに地下化されて暗渠となったことが1954年の地図でわかる。しかし老街入り口のY字路が生まれるには、のちの金山南路の開通を待たねばならない。Y字路から北に歩くとすぐに華山文創園区「華山1914」に着く。1914（大正3）年に建設さ

1954年地図

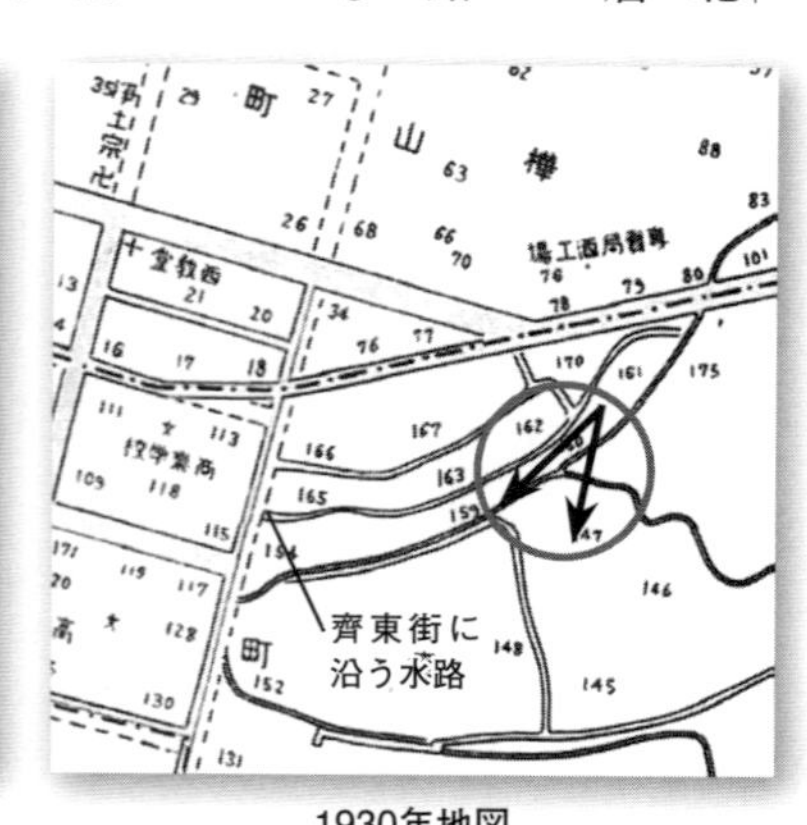

1930年地図

詩社で言葉の奥深さと歴史に想いをはせる

れた酒造工場の跡地を再開発した文化公園で、ライブハウスやレストランのほか、ギャラリーや展示場・バーに書店など台湾の多様な文化的発信地として重要な役割を担っている。

２０１９年の春には日本のミュージシャン・細野晴臣氏のライブが開催され、台湾でホンモノの細野さんが「ChooChoo がたごと♪」と唄ったり弾いたりしているのをみることができるなんて10年前には夢にも思わなかったので感激しきりであった。

２０１４年の秋に行われた俳優・永瀬正敏さんの写真展も、印象に残っている。日本時代、甲子園に初出場・準優勝した嘉義農林高校の物語を描いた台湾映画『ＫＡＮＯ』（監督：馬志翔（マーヂーシァン）／２０１４年）の大ヒットで、永瀬氏は台湾で最も知られる日本人俳優のひとりとなったが、じつは永瀬氏と台湾のつながりは深く、エドワード・ヤン監督の『クーリンチェ少年殺人事件』にも出演していた（しかし出演シーンは本編ではカット）ことはあまり知られていない。

華山1914で開かれた写真展も映画『KANO』をテーマにした展覧会だったが、たまさか不思議な予期せぬ一致があった。会場となった酒蔵が増築されたのが1931年。奇しくもKANOチームが甲子園初出場で準優勝という快挙を成し遂げたのと同じ年だというのだ。展覧会が始まってから明かされた偶然ということで、縁というものを感じずにはいられなかった。縁といえば、夏の甲子園大会は2018年に第100回を迎えた。その際に、決勝へと進出したのが秋田県の金足（かなあし）農業で、農業系高校の決勝進出は嘉義農林以来83大会ぶりであったという。金足農業のエース・吉田輝星投手の着用しているユニフォームの胸には「KANO」ならぬ「KANANO」という文字が光っていたが、その日は奇しくも1931年8月21日に嘉義農林と中京商業が決勝マウンドで戦ったのと同じ日、しかも当時の中京商業のエースも吉田投手だったのである。この不思議な縁は、野球の盛んな台湾でも「KANOの魂が甲子園に還ってきた！」という見出しで熱く報道された。映画のなかで永瀬正敏氏が演じた嘉義農林の近藤兵太郎監督は、漢人・原住民族・日本人という多様な民族が入り混じり一緒に努力するのが台湾の良いところだ、という言葉を残している。現代の国際社会のなかで「国」として認められず、アメリカ・中国・日本の真ん中に位置し常に難しい舵取りをせまられる台湾だが、そんな状況にありながらも良いとこどりでたくましく、国際的にも着実に発展をみせている。ことにジェンダーの進歩性や同性婚の立法化、積極的な移民政策など、多様性ある社会としてアジアでも先行する台湾の多文化共生の姿を、近藤監督は野球を通して見いだし、いち早く予言していたのかもしれない。

展覧会レセプションの晩、会場から出ると古色を帯びてすがれた華山1914の柱の脇にまもなく満ちる月が光っていた。酒造工場ができた1914年。琴道館の前にまだ水路が流れていた1931年。「幸町」から「齊東街」へ、「昭和」から「民国」へ。景色はうつろえども、月だけは変わらずに輝いて空にある。

凶悪事件現場のY字路

日本時代、幸町に隣り合うこの付近の地名は、第1代台湾総督の樺山資紀(かばやますけのり)にちなんで「樺山町」といい、隣を走っていた鉄道の駅は「樺山駅」と呼ばれた。戦後は「樺山」という名前の木へんを取って「華山(ファシャン)」駅となり、1986年に鉄道が地下化するまで貨物駅として使用されたのが、華山1914の名称のもとになっている。

華山駅には、暗い歴史の記憶もある。数千人から数万人が受難したといわれる1947年の二・二八事件以降、1949年には台湾全土が戒厳令下に置かれ、多くの人々が粛清された時代があった。「白色テロ」と呼ばれ、失踪や冤罪事件があいつぎ、友人のあいだですら密告が横行して「夜も安眠できない」状態だったといい、ここ華山駅もその舞台のひとつである。政治犯の容疑者となった人々は、現在のシェラトンホテル付近にあった軍法会議所で判決を受けたのち、銃殺を免れた人は新店（シンディェン）の軍人監獄（現在は国家人権博物館として一般公開）に送られるか、または一番近くのここ華山駅で夜明け前の貨物列車に乗せられ、基隆（ジールォン）や高雄（ガオション）まで運ばれ船に移されて、台東沖にある火焼島（緑島）の監獄に収容された。

白色テロといえば、その舞台と関連したY字路がもうひとつ、幸安国小の裏手にある。一見なんの変哲もないこのY字路の左手には、義光教会（イーグァンジャオフェイ）という教会がある。ここはもともと、国民党と並ぶ台湾二大政党のひとつでリベラル派民進党（ミンチンタン）（民主進歩党）の元党主席、林義雄（リンイーション）氏の自宅だった場所だ。

１９８０年2月27日、林氏の母親と双子の娘が何者かによって惨殺される。戒厳令中の台湾で起きた最大の民主化運動「美麗島事件（メイリーダオシージェン）」（１９７９年）のリーダー格だった林氏が、逮捕されて軍事裁判のため拘束されていた最中の出来事だった。事件の犯人は今もなおみつかっておらず、未解決のままである。

以来、ながいあいだ買い手のつかなかったこの場所を引きつぎ義光教会を建てたのが、台湾独立運動のなかで重要な役割を担ってきたプロテスタント系の台湾基督長老教会である。現場で唯一生き残った長女の林奐均（リンファンジュン）さんは、その後アメリカに渡って音楽を学び、台湾のグラミー賞である金曲獎（ジンジュジァン）を受賞するなど教会音楽の作曲家として活躍。また自身の育児経験をもと

凶悪事件現場のＹ字路、左手に義光教会。歩くたびに沈痛な気分になる

に書いた『百歳醫師教我的育兒寶典』（百歳のドクターが教えてくれたわたしの育児事典）という育児書もベストセラーとなり、アメリカのシアーズ博士による『ベビーブック』と並んで、台湾ママの間で百歳派とベビーブック派に分かれるほどのバイブルとなっているらしい。

薄曇りの空から蜘蛛の糸のように雨粒が線を描く台北の春の夕方。相合傘の高校生カップルが義光教会のまえを楽しそうにゆきすぎるのをみながら、先日の華山1914で聴いた細野さんのアンコールの曲を、ちいさく口ずさんだ。

7

台北の下を水は流れ
安和路をめぐる旅

橋を渡るY字路

東京でちょくちょく経験できるが、台北ではあまりできないこと。

ひとつ、踏切りを渡る。ひとつ、坂をのぼる。ひとつ、歩いて橋を渡る（淡水河（ダンシュエイホー）や新店渓（シンディェンシー）にかかる大きな橋などは別として）。

その3つめができる、めずらしい場所がある。台北のランドマーク101ビルにほど近い、信義路（シンイールー）ぞいにあるY字路の左裏側・文昌街（ウェンチャンジェ）のなかには、今も小さな川が流れ橋がかかっている。大部分は道路に覆われて暗渠になったかつての水路が、まだここだけは陽のもとに晒され橋がかかる。橋の名前を「信義路八號橋（シンイールーバーハオチャオ）」という。

1932年の地図（115頁）をみると、虎（フー）

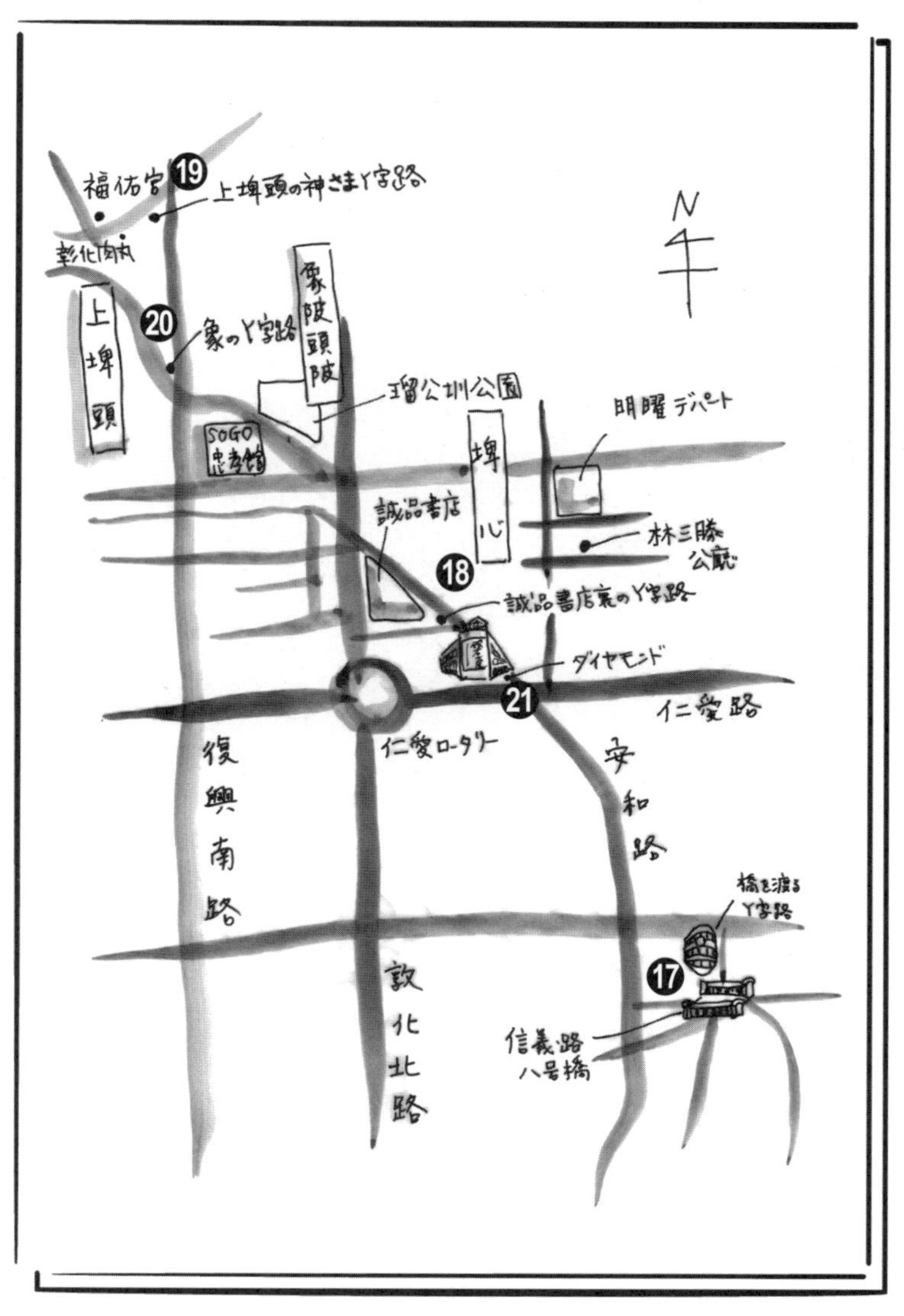

⑰ 信義路四段400巷　⑱ 安和路×仁愛路四段105巷
⑲ 安東街35巷×復興南路一段122巷
⑳ 復興南路一段×復興南路一段122巷　㉑ 仁愛路×安和路

このＹ字路の裏側に橋がかかっている

山、豹山、獅山、象山と台北盆地の東側をふちどる4つの山・四獣山の、象山より流れ出たいくつかの渓流が文昌街に集まり、北西に向かって流れていた小川が、現在の安和路となっている。「信義路八號橋」のかかる水路の水は今も冒頭のY字路左側の地下をゆき、安和路の下をとおり、仁愛国小／国中の前を通過してから敦化南路の誠品書店脇の暗渠を、さらさらと流れているのだ。

信義路八号橋

安和路に連なる水路の開渠部分。はじめて
行ったときには犬の死体があった

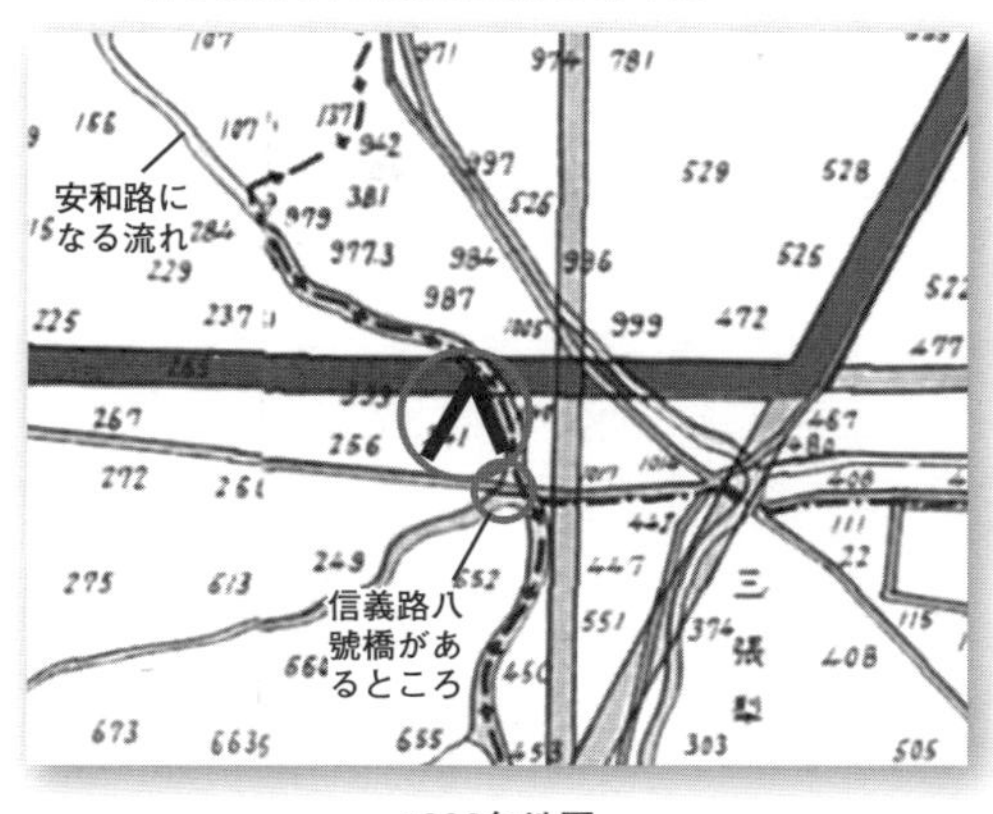

1932年地図

誠品書店裏のY字路

結婚して台北に住むようになった2006年ごろ、一番楽しかったのが真夜中の誠品書店（敦化本店）でぶらぶらすることだった。そのころの台北といえば、おいしいパンやケーキにありつくのは至難だった。日本より薄味を好む台湾の人の味覚に合わせた日本式ラーメン屋のスープは総じて薄く、カフェだらけの今の台北からは想像もつかないほど、コーヒーを飲むことも一般的でなかった。そんなわたしにとって、当時、誠品書店は心のよりどころだった。

夜中であってもそこに出かければ、みんな思い思いの場所に座りこんであらゆる国からきた雑誌や本を読んでいた。本を眺め飽きたら、カフェでコーヒーやベルギービールを飲み、地下の音楽ショップでCDを視聴して、誠品セレクトのワインを買ってかえる。併設のギャラリーでは、台湾のコンテンポラリーアーティストや若手プロダクトデザイナーの作品も鑑賞できる。これらすべてが一軒の本屋さんのなかで完結する。そんな場所はそのころ、東京にもなかった。だから誠品書店は2011年にオープンした代官山T－SITE（蔦屋書店）のモデルになったともいわれ、2019年秋には東京日本橋にも進出する。この写真のY字路は、そんな誠品書店敦南店の裏手にある。今やアジアを中心に世界で46店舗を展開する、台湾を代表する企業のひとつとなった誠品。もともとは欧米のインテリア設備や建材を輸入する小さな会社だったが、創業者で台南出身の呉清友（ウーチンヨウ）氏が自身の心臓の手術をきっかけに一念発起し、本屋として開業した。世界最長といわれる38年に及ぶ戒厳令が解かれた2年後、1989年のことである。

当初は現在の本店（敦南店）の手前にある仁愛ロータリーの、地下から天井までが吹き抜けになった瀟洒な建物のなかにあった。品揃えは建築やアートの専門書が中心で、「誠品」の黒い会員カードは当時のカルチャー系の若者たち自慢のアイテムだったという。1995年に現

誠品敦南店裏の安和路ぞいにあるＹ字路。建物にモーブ色の線が走っていて、60〜70年代フランス映画を想わせる

在の場所へうつり、1999年より24時間営業となる。文化、芸術、ライフスタイルをまたいでオルタナティブな価値を創造した誠品書店は、いま台湾で活躍するクリエイターや文化人に多大な影響を与えてきた。みんな誠品書店で大きくなった、といっても過言ではないが、そんな誠品書店敦南本店も、2020年をもって閉店となるのはなんとも寂しい。

1950年の地図をみて、Y字路右側の安和路がかつては川だったことがあらためて確認できた。そしてもうひとつ、仁愛路と敦化南路のロータリーを斜めに横切る形で、安和路と並行する水路を発見した。その周辺には草地が広がり、ぽつぽつと台湾の伝統的な建築様式である三合院(サンファーユエン)が建つ。当時このあたりに広大な土地を所有していた林氏の家屋と思われる。

この付近を開墾した中国福建からの開拓者のなかでとくに栄えたのが、陳・凌・林・周・廖の五姓の一族である。とりわけここ一帯は陂心林厝(ビーシンリンツゥオ)という屋敷を有する林一族、人呼んで陂心(ビーシン)林家(リンジャ)の土地であった。

1898年の地図でも、ここ周辺は「陂心」と表記されている。「陂」の字は「池」「沼」「水岸」を意味するが、池(現在の忠孝東路(チョンシャオドンルー)と市民大道(スーミンダーダオ)のあいだ)とそこから流れ出る2本の川

1950年地図

に城郭のように囲まれた丘陵の中心だったことから、この名がついたらしい。そのころの陂心林家の土地は、東は延吉街、南は信義路四段と安和路一段、西は忠孝復興のSOGOデパート付近、北は市民大道までおよび、いまや台湾でもっとも地価が高いエリアのひとつだ。しかし実は、日本時代の終わりごろには池が干上がり菱の実しか育たぬ泥地だった。痩せほそった土地に手を焼いた林氏は、のちに台湾の財閥のひとつ、国泰グループへと成長を遂げる蔡氏に土地を売却、その後に仁愛路が開通し国泰医院や誠品書店ができた。大王椰子の並木が影を落とすうつくしい今の仁愛路にそんな過去があったとは……。

現在の町名は建倫里といい、明曜デパートの裏にある陂心林家の氏神を祀る廟・埤心林三勝公廳で、唯一かつての林氏の栄華をしのぶことができる。林氏の古老の話では、日本時代には陂心林厝から当時の総督府を眺めることもできたという。

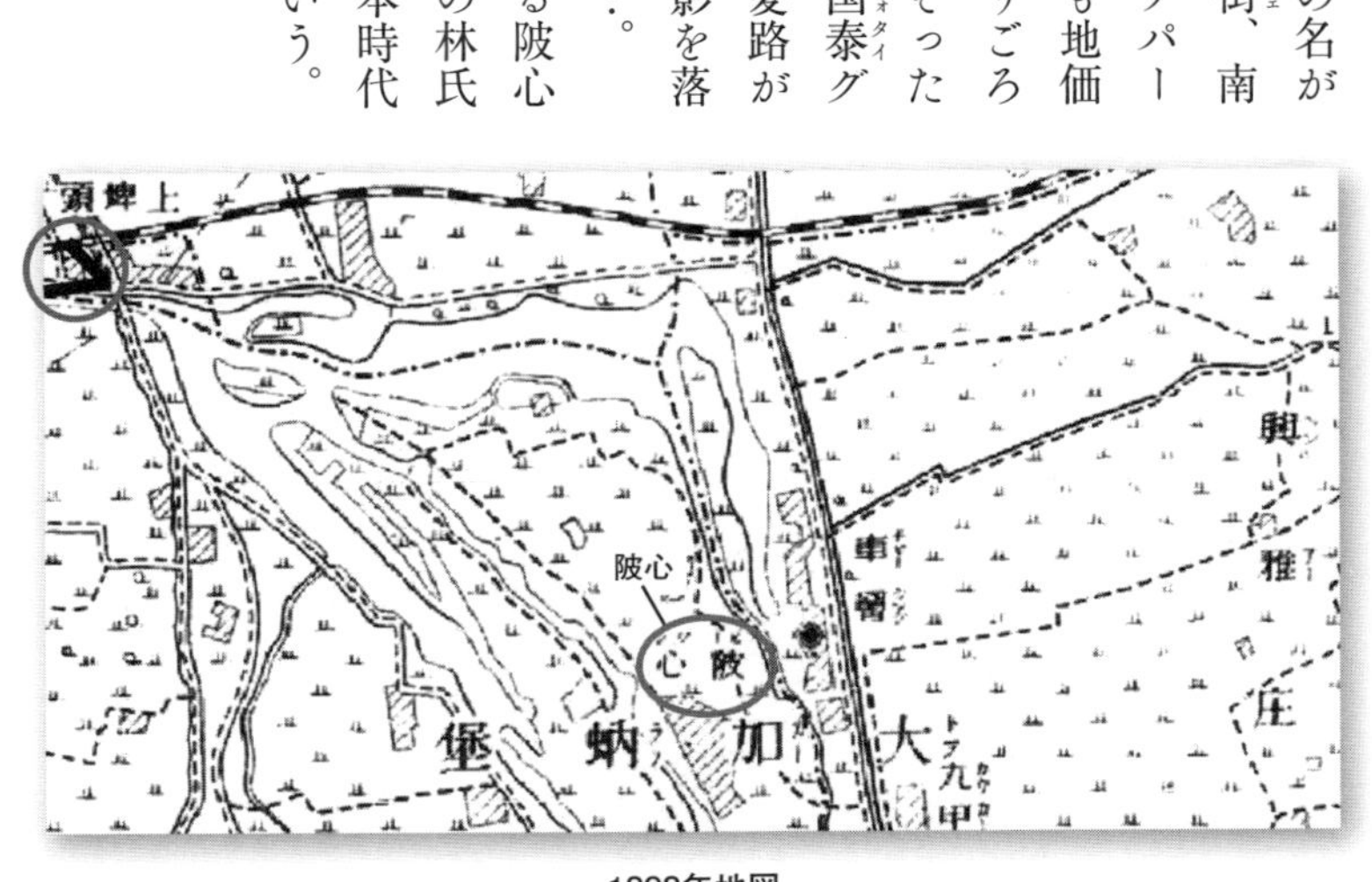

1898年地図

上埤頭の神さまY字路

毎日長蛇の列ができる、安東街「彰化肉丸」のあるY字路。

一戸ずつ設えの異なるマンションの窓が、均一な外観の建物を見慣れている日本人の眼には迫力をもって映る。

左端にあるのはこのあたりの土地公（鎮守）福佑宮で、建立されたのは清代の1824年というから、すでに190年以上の歴史をもつ廟である。廟に祀られている神様は、「だれが」その土地の勝者であるかを示してくれる。福佑宮では土地公のほか、媽祖・観世音菩薩、そしてもうひとつ清水祖師がいることに注目したい。清水祖師は福建泉州安溪人を守護する神様である。ということは、ここは泉州安溪人によって開墾された土地なのだろう。

鉄観音で知られる安溪は昔からお茶の名産地で多くの人が茶葉産業に従事しており、幾度の干ばつで雨乞いに成功し茶葉に慈雨をもたらした清水祖師は、安溪人の守り神となった。桃園県の三峡長福巌祖師廟、台北の艋舺清水巌、台北郊外

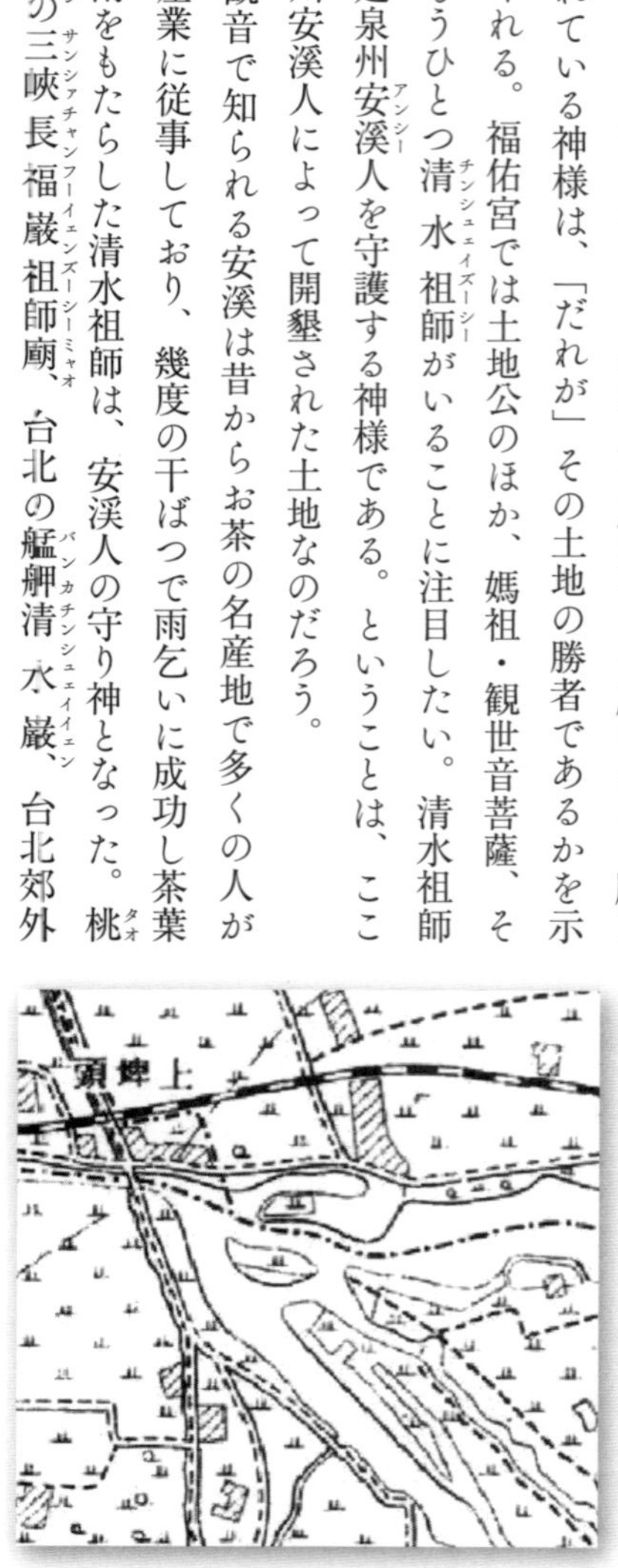

1898年地図

上埤頭のＹ字路。両側の道路が暗渠である

の淡水清水巌の三社を合わせて大台北三大祖師廟と呼ばれるが、三峡もまた茶の名産地である。三峡の茶葉や藍染が川を下って艋舺・淡水の港から出荷されたことを思えば、これらの場所の発展もまた、安渓人のつながりと関係が深かったのかもしれない。

日本時代までこのあたりは上埤頭と呼ばれ、今の忠孝復興にあるSOGOデパート本館の裏あたり一帯に広がっていた川の上側にあった。1898年の地図（120頁）をみると、ちょうどこのY字路が広がる形に川の流れも沿っていたことがわかる。

象のY字路

SOGOデパート裏から安東街へとつながっていく安和路。台北東区の縦横の道路をタスキ掛けのように斜めに横切る、謎の安和路の正体は一本の「川」だ。それを知った日から、おいしいパンなぞ買いに安和路を歩くときには水の気配を感じて、景色が一瞬かわるようになった。

1952年の地図をみて嬉しさがこみあげたのは、今は安和路となった川ともうひとつ、安東街に沿って流れていた小川もあり、それが市民大道の手前あたりで合流しているからだ。ど

1952年地図

うりでいつも、このあたりを歩くとどこか水っぽい気配を感じていたわけだ。

1895年の地図をみれば、川幅はさらに大きく、今の忠孝復興駅から安東街、SOGOデパート（忠孝館）の裏側にある公園一帯を含めて「象陂頭陂（チュウンピータウピー）」と呼ばれる沼地だったようで、今の市民大道には台湾鉄道だって走っていた。

目を閉じて意識を澄ませ、当時の風景を思い浮かべてみる。川辺の草地の向こうに汽車の走る音が聴こえ、水音とまじりあう。夏は螢なんかも飛んでいたかもしれない。「象陂頭陂」という名称、どうして象なのかはわからないが、地図上の象陂頭陂をみているとサン＝テグジュペリの『星の王子さま』に出てくる象を飲み込んだウワバミ、みたいにみえてくる。

目をひらけば、螢の代わりにネオンが煌々（こうこう）と灯り、車のライトが行き交う。ラッシュ時には車とバイクでぎゅうぎゅうになる台北都心に微かに残る水の気配を、Y字路からたどっていく。ウワバミの飲み込んだ象の姿を探しているような、安和路という川をめぐる旅である。

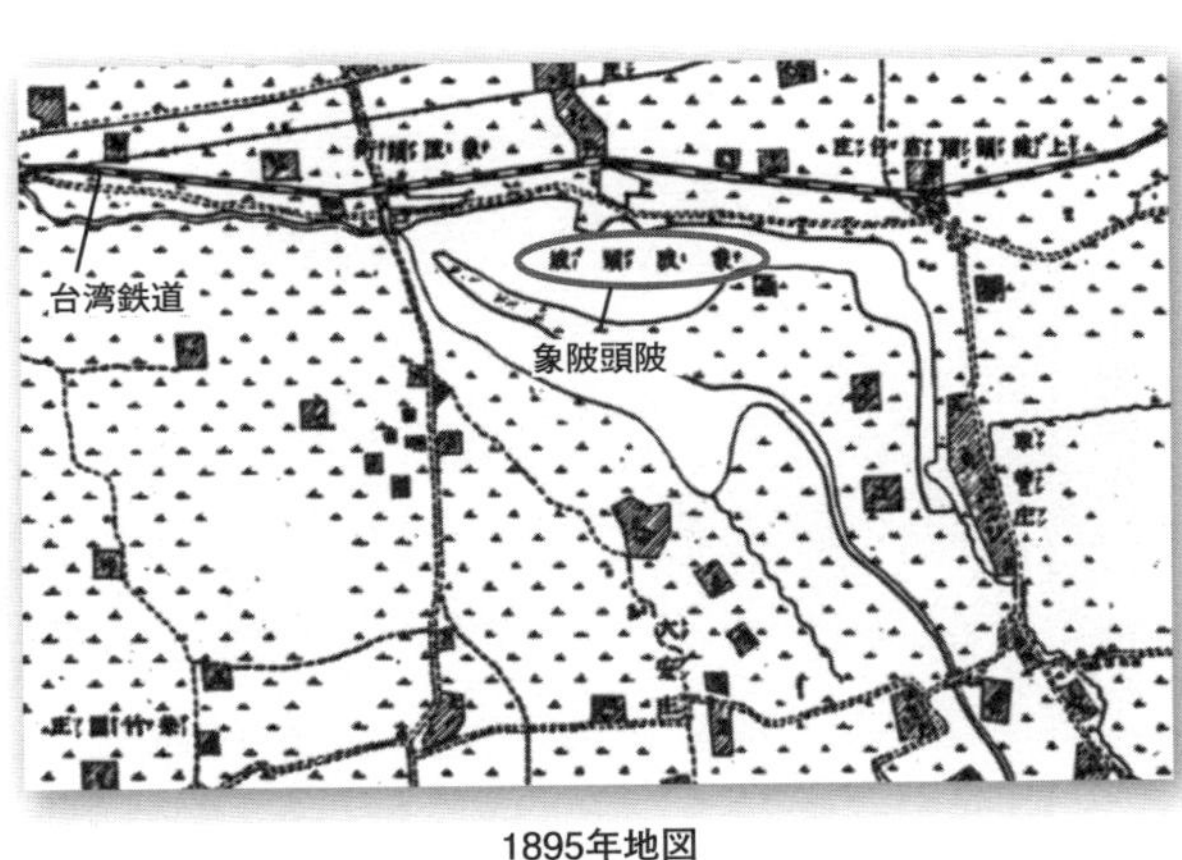

1895年地図

ウワバミを感じる復興南路一段×復興南路一段122巷のＹ字路

安和路×仁愛路のダイヤモンドという名のビルが建つＹ字路。文昌街からの渓流に沿ってできた安和路沿いにはたくさんのＹ字路がみられる

道草Y字路

Forgotten Time: 被遺忘的(ベイイーワンディ)Y字路

市民大道×渭水路〔鉄道地下化型〕

わたしの窓をたたいているのは　だれ？
わたしの琴線をゆらすのは　だれ？
あの忘れられた時間が　ゆるやかに
わたしのみぞおちへと　もどってくる

光華商場(グァンファサンチャン)前でみつけたY字路。

台湾大学の近くにある茉莉二手書店(モーリーアーソウシューディィエン)という古本屋さんは、やさしい光線と木を基調としたナチュラルで洒落た雰囲気にくわえ、品揃えも商品入れ替えサイクルも良いので、行けば少なくとも欲しい本が1冊はみつかる。そんな茉莉の前身は、かつてこの光華商場にあった古書店らしい。

台北の古書店街の歴史がスタートしたのは、エドワード・ヤン監督『クーリンチェ少年殺人事件』のタイトルで日本でも知られるようになった牯嶺街(グーリンジェ)である。戦前は日本人街だったが、終戦後の引き揚げの際に荷物の制限があったため、通り沿いで日本人たちが家財を現金に換え

たことから露店の市場が発達する。その後、日本人と入れ替わりに蔣介石ら国民党とともに中国からきた人々が、今度は持ち込んだ郵便切手や時計をここで並べて売るようになる。なかには廃品回収してきた雑誌や書籍を棚に並べる人も出現して、だんだんと古書街の様相を帯びていく。

1974年に鉄道線路をまたいで完成した光華橋の下に市場ができると、牯嶺街の書店は次第にそちらへ移っていく。現在、40〜50代ぐらいで台北育ちの「カルチャー系男子」にとって、この光華橋の下にあった光華商場は青春の甘酸っぱい記憶が眠る場所だ。彼らがここで探したのは、古書のほか任天堂のゲームソフトや音楽のカセットテープやVCD、オーディオ機器、パソコンの中古部品に中森明菜や酒井法子ら憧れの日本アイドルの写真集に海賊版のコミック。そしてときに、禁制のグラビア雑誌やアダルトビデオがないかを店主にこっそりと尋ねれば、店主はまず店の外をきょろきょろとうかがったあと、彼らをカウンター後ろの本棚の裏にある秘密の小部屋に案内したという。

その後には鉄道が地下化し、光華商場も建て替えを経て、古書店もみな台湾大学周辺へと移動していく。

わたしの窓をたたいているのは　だれ？
わたしの琴線をゆらすのは　だれ？
記憶のなかのあの楽しかった情景が
ゆっくりとわたしの
頭のなかの海に浮かびあがる

1952年の地図では、市民大道（スーミンダーダオ）に沿ってまだ鉄道が地上を走っている。Y字路の写真でいえば、正面のヘルメットを売るお店からこちらへ向かってまっすぐに鉄道がのびていたことになる。鉄路の傍を走っていた人工河川（日本時代の堀川）はのちに埋め立てられ、そこに新生北路の高速道路が開通した。Y字路発生のための三大要素である鉄道・水路・幹線のすべてを備えたこの周辺を歩けば、たくさんのY字路をみつけることができる。

右の道路（市民大道）をしばらく行くと、八徳路と交わるY字路が登場するのだが、その傍

1952年地図

右側にあった鉄路が地下化してできたY字路

に1軒のオーディオ店があった。
名前を「鐵道音響（ティエダオインシャン）」。
1988年の開店だが、そのころ店の前をまだ鉄道が走っていたことから名づけられた。開店当初はオーディオ機器専門だったが、今は店の大部分をDVDやCDといったソフト類が占拠し、オーディオ機器は店の奥のほうに申しわけ程度に並んでいる。

店に入って棚を眺めながら歩いていると、聴きなれた曲が流れはじめた。香港映画『インファナル・アフェア』の主題歌で、台湾のフォーク歌手・蔡琴（ツァイチン）による『被遺忘的時光（ベイイーワンディスーグアン） The Forgotten Times（忘れられた時間）』だった。警察へスパイに入り込んだマフィア出身のラウ（アンディ・ラウ）と、マフィア組織に潜伏する警察官のヤン（トニー・レオン）がお互いの正体を知らず、オーディオ店で肩を並べて聴くシーンがとても印象ぶかい曲だ。

一日もはやく、マフィア組織から警察に戻りたいと苦悩するヤンだったが、唯一ヤンの身分を把握していた上官のウォン警視（アンソニー・ウォン）が死ぬと同時に、警察官としてのヤンもこの世から消えてしまう。憶えている人がいなくなってしまえば、それは存在しなかったのと同じである、というゾッとするような真理を、映画は容赦なく浮き彫りにする。

わたしの窓をたたいているのは　だれ？
わたしの琴線をゆらすのは　だれ？
あのゆるやかに舞い落ちる雨粒が
止まることなくわたしの窓をたたく
ただ黙りこんでものをいわないわたしが
ときどき　過去を思い出している

光華商場付近のオーディオ店も、今はこの鐵道音響を含めて数軒のみとなったが、かつての市民大道を鉄道が走ったForgotten Timeは、この店の名前にわずかながらも留められている。

その後、最近ここを訪れてみたら、鐵道音響はすでになく、
韓国フライドチキンの店に変わっていた

8

北門ちゃん　都市計画のY字路

「北門ちゃん」のY字路

台北駅から忠孝西路（チョンシャオシールー）にでて新光三越デパートを左にみながらしばらく歩くと、清朝のころ建設された城郭・台北府城の表玄関だった「北門（ベイメン）」の前に、エレガントなY字路があらわれた。後ろをふりかえると、粘土アニメのキャラクターがぽっかりと口を開けたみたいな北門がみえ、その口から左側に博愛路（ボーアイルー）、右側に延平南路（イエンピンナンルー）がY字型にのびていく。この北門、非常にキャラ立ちしたカワイイ姿をしている。もうそれは「北門ちゃん」と呼んでいいぐらいの可愛さだと思うが、いっこうに「北門ちゃんキーホルダー」とか「北門ちゃんサブレ」とか出る気配がないのは台北市観光局の怠慢といえるのではないか。

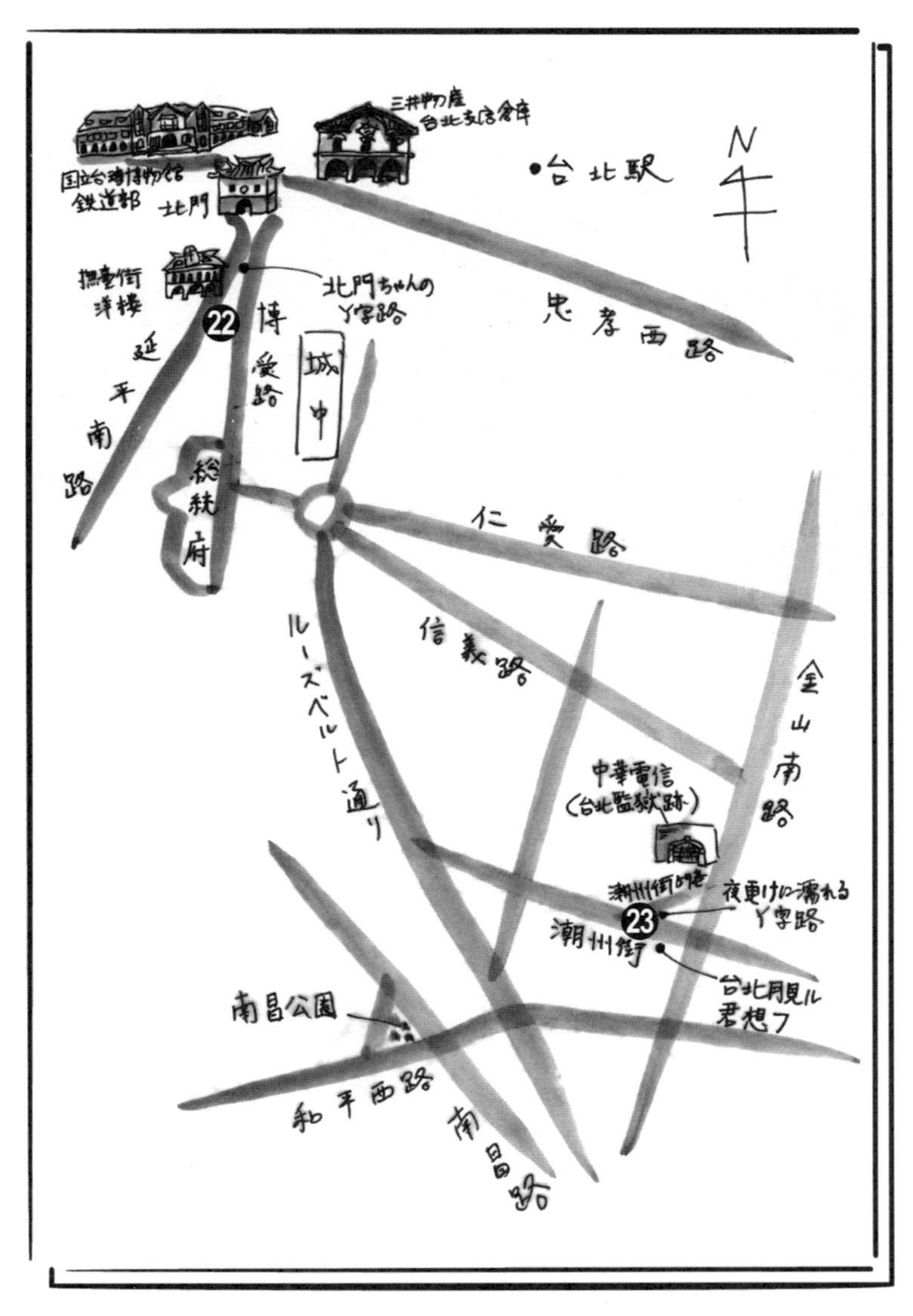

㉒延平南路×博愛路　㉓潮州街×潮州街59巷

口をぽっかりとあけた「北門ちゃん」の愛らしさ。後ろにまだ高架が走っていたころ

冗談はさておき、かつての台北府城の門は５か所（北門・南門・小南門・西門・東門）あったが、今はこの北門だけが清代のころそのままの姿を留めている。

２０１６年まで北門の後ろには高架が走っていたが、北門を中心にした再開発とともにとり壊され、現在は日本時代に建てられた三井物産の倉庫や大阪商船、台湾総督府交通局鉄道部だった建築も修復、２０１４年に当選した柯文哲（クァウェンツァー）市長の掲げた台北駅西側の大規模再開発のひとつとして、あらたな風景がひらけてきている。

三井物産倉庫の修復をめぐっては、ひと悶着あった。この建物、正式名称を「三井物産株式會社北門倉庫」といい１９１４（大正３）年の竣工で、３つの井戸を表わす屋号が建物上部にいまもみえるので三井の建築で

北門ちゃんと向き合ったＹ字路はカメラ街だが、日本時代には「加藤時計店」があった

あったとわかる。この三井マークのついた建物は、現在は文化公園で知られる華山1914や、かつて煙草工場であった松山文創（通称：松菸）など台北市内にいくつも残っているが、どれもかつての鉄道のそばにあることから、日本時代は倉庫から工場まで鉄道を使って物資を運んでいたのがわかる。しかし、当初計画されていた再開発プランでは、三井倉庫が邪魔になるということで、撤去される予定だった。それに対して多くの文化資産保存にかかわる研究者や団体が声をあげ撤去の計画を阻止、そのかわり今度は台北市側が移転計画をうちだした。これを聞いた文化資産保存関係者は「建築物の歴史的脈絡をそこなう」として猛反発し、連日メディアでもこの騒ぎが取り上げられる。結局、台北市側はこれをつっぱね、三井倉庫は再開発計画に沿って、51メートルほど移動・修復されることになった。

このとき台北市と闘った文化資産関係者たちは、柯市長から〝文化テロリスト〟という不名誉な称号をつけられたが、SNSなどで一部始終を眺めていたわたしは、彼ら〝文化テロリスト〟に拍手喝采を送りたい気分だった。

日本人が台湾にきて感心することのひとつに、日本時代の建築をみごとに現代社会のなかで生かしていることがあるだろう。しかしながら「台湾の人は日本時代を懐かしんで、建築を守ってくれてありがたい」という日本人の声を聞くたびに、それは思い違いではないか、と口に出かかった言葉を飲み込む。台湾の複雑な歴史や人々の思いを知るほどに、彼らが守ろうとしているのは日本時代の建物ではなく、台湾という土地がこれまで歩んできた道のりであるのが理解できるからだ。原住民族が暮らしていたこの台湾に、スペイン人やオランダ人がきて、漢民族がきて、日本人がきて、多くのものを奪い、また、もたらした上で現在の台湾になっているという歴史の脈絡。戦後の国民党教育のなかで一方的に「中華民国」としての偏った歴史を教え込まれていた彼らにとって、日本時代の建築物を大切に残していくこともまた、台湾人としてのアイデンティティを獲得していくプロセスなのだ。みずからの在りかたを真摯に追い求める彼ら〝文化テロリスト〟のすがたには、いつも心揺さぶられつづけている。

結局、三井倉庫は51メートルほど動かされてしまったが、これをきっかけとして建築物の保存問題が台湾社会のお茶の間レベルで浸透したという意味では、北門をめぐる議論の過程はとっても意義ぶかいものがあったといえる。

さてこの北門前、1895（明治28）年には城壁に沿って水路が流れ建物もぽつぽつとある程度だったのが、1911（明治44）年ごろに現在の延平南路が開

1895年地図

1911年地図

通し、このY字路が誕生した。元の名を撫臺街（ウータイジェ）といい、日本時代には「大和町（やまとちょう）」と名がついた。今は、あらゆるメーカーのカメラが取り扱われるカメラ街（撮影街（サーインジェ））の別名もある。

延平南路を進んで5軒目あたりの右側に、木材と台湾産の石材（唭哩岸石（チーリーアンシー））を組み合わせた騎楼（チーロウ）（ベランダ／ポルトガル語のVeranda）式の優美な姿をみせる洋館がある。「臺北撫臺街洋樓（タイペイウータイジェヤンロウ）」と呼ばれるこの洋館、台北市の旧市街に残る日本時代の民間店舗建築としてはもっとも古く、土木建築会社高石組の事務所として1910（明治43）年に建てられた。

高石組は福岡県出身の高石氏が台湾で創業した会社で、台北の国立台湾博物館や日月潭（にちげつたん）ダムなど公共施設の建設を多く請け負った。『1928年職業別明細圖』上でも高石組の表記があるものの、1930年代には酒類貿易会社・佐土原商会の社屋へと変わり、高石組の消息はそこで途絶える。

戦後は人民導報社という新聞社の事務所として使用されたが、経営者の宋斐如（ソンフェイルー）が二・二八事件で命を落として以降は政府に接収されて軍の管理となった。それから再び民間に払い下げられ、漢方医の診療所が開かれたあとに空き家となって雑草のはびこる廃墟と化していたのだ、1997年に台北市の古跡に指定さ

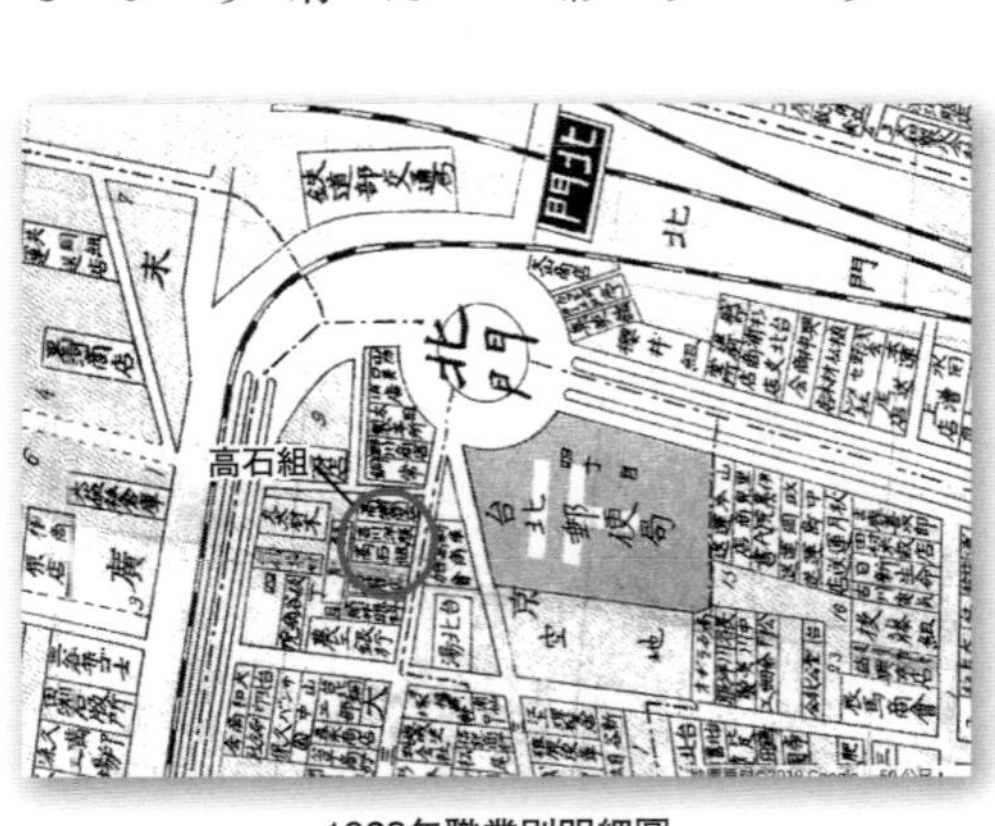

1928年職業別明細圖

れ、歴史資料館として公開される。その後、福岡県に本社を置き九州のニュースを中心に報道する西日本新聞社の誌面に高石組の子孫を捜す記事が掲載されたところ、福岡県柳川市に高石家の子孫がいることが判明した。２０１０年に開かれた記念式典には、高石家の子孫らが招かれ、ともに「臺北撫臺街洋樓」の百歳を祝った。

夜更けに濡れるＹ字路

都市計画の変遷のはざまにはさまざまなストーリーが生まれるが、Ｙ字路もまた例外ではない。

東京青山の「月見ル君想フ」というライブハウスの台北店が潮州街（チャオジョウジェ）にあって、日台インディーズ音楽シーンの熱い交流の場となっている。そこで行われた、昔の台湾のムード音楽などを聴くイベント「台北の夜」の帰り、小雨そぼ降る潮州街沿いにＹ字路をみつけた。名づけて「夜更けに濡れるＹ字路」。

１９１４年の地図（138頁）では、潮州街あたりからミミズのように水路がのびていて、これも水路由来のＹ字路だろうか？　などと考えながら１９３０年の地図（138頁）をみると、計画中をあらわす点線の道路が潮州街を斜めに横切って南は現在の南昌公園（ナンチャンゴンユエン）までのびていた。

潮州街59巷がのびてルーズベルト通りと交わり、その交差部から5本の道路が放射状に広がるのが当時の計画だった。しかし終戦に近づくにつれ改修の費用もなくなり、ついには政府の交代によって一部の道路にその名残りを残したまま計画は頓挫、「幻の五叉路」に終わる。潮州街を和平東路（ハーピンドンルー）のほうに一歩入ると迷路のように路地が入り組んでいる原因は、そのあたりにあるのかもしれない。

放射状といって思いだすのが、このY字路のすぐ近くにかつて存在した台北刑務所（台北監獄）だ。

建てられたのは1904（明治37）年、一か所から全体を見渡す「ペンシルバニアシステム」と呼ばれる放射状の監獄だが、特にこの半円内で5方向にのびた形を五翼放射状平屋舎房といい、高倉健主演の映画『網走番外地』の網走刑務所（1912年建造）が有名だ。

日本近代監獄建築というジャンルでもっとも大きな業績を残したのは、東京駅丸の内駅舎の設計で有名な辰野金吾の弟子、山下啓次郎である。代表作に千葉・奈良・金沢・長崎・奈良の監獄があり「明治の五大監獄」と呼ばれたが、なかでも奈良少年刑務所は、赤と白のレンガで構成される辰野式の正門を持ったうつくし

五叉路計画

1930年地図

1914年地図

夜更けに濡れるＹ字路。左側が潮州街59巷で、向こうに台北監獄があった

い建物だ。

　泉鏡花文学賞作家の寮美千子氏は、この魅力あふれた近代建築である刑務所に心惹かれたのをきっかけに、2007年から10年近く、少年刑務所が設けた独自の取り組みのなかで「絵本と詩の教室」の講師を務め、そこで起こった軌跡と奇跡を著書『あふれでたのはやさしさだった――奈良少年刑務所　絵本と詩の教室』（西日本出版社、2018年）に記した。現代日本が抱える貧困格差のなかで、無視され、虐げられ、絶望におちいったあげく他者を傷つけてしまった子供たちが、詩や絵本というささやかながらも力強い「言葉」をだれかと共有する体験に導かれ、「じぶんを表現し、他者に受けとめられるよろこび」に丸ごと包まれていく様が、つぶさに描かれる。この授業をうけて「変わらなかった子供はひとりもいなかった」そうで、年ごろの子供を育てているわたしにとっても、人が育つとはどういうことか、人間とはどんな生き物かを知るうえで示唆に富む本だった。この授業が成功した要素として寮氏

は、グループ・ワークが功を奏したこと、詩の力、教室が少年たちの安心・安全な場所になるよう心を尽くした刑務官や教官の存在など、刑務所がひとつの生物のごとく有機的に少年たちの更生を助けたことをあげているが、もうひとつ大事な要素として「美の力」――山下啓次郎の設計した刑務所建築が、少年たちの心を育てるのに役立ったのではないかと推察している。「日本に近代的な刑務所を設計するために、彼が西洋諸国で三十数か所の刑務所を視察して学んできたのは、単に建築技術だけではなかった。『犯罪者といえども、人非人として手荒く扱うのではなく、人として尊ぶべきである』という『人権意識』だった。それを見事に形にしたのが、この建物だ」。

奈良少年刑務所は2016年に刑務所として役割を終えたが、民間団体の尽力によって2017年に国の重要文化財に指定され、今後は星野リゾートなどによるホテルへの転用が予定されている。

台北監獄の竣工にも山下啓次郎は深く関わっており、1899年の『臺灣日日新報』には、台湾三大監獄（台北・台中・台南）の設計を委託された山下が台湾出張の際、総督官邸で手厚くもてなされた記事が残っている。

1945年のアメリカ軍による航空写真と見比べてみれば、山下の設計した監獄のなかでも鹿児島監獄のデザインが台北監獄と兄弟のように似ていて興味深い。日本時代は犯罪者のほか蔣渭水（ジャンウェイシュェイ）ら台湾民族運動の指導者たちも収容され、太平洋戦争中はアメリカ軍の捕虜が、戦後は中華民国政府の造反者が入れられた台北監獄は、山下啓次郎が手掛けた刑務所のなかでもっとも数奇な運命を辿ったといえるだろう。

現在は、罪なき罪のもとに命を断たれた人々の悲痛な声を吸い込んだ壁だけが、金山南路（ジンシャンナンルー）にある電話局の脇にひそやかに佇んでいる。壁の真ん中あたりには門の跡がみえ、赤いレンガで封鎖されている。日本時代には、中で絞首刑を受けた人々の死体を外に運び出すために使われた門だったといわれている。

ところで、山下啓次郎は世界的なジャズピアニストとして知られる山下洋輔の祖父にあたる。2017年、奈良少年刑務所が閉鎖される前には山下氏の記念コンサートも開かれたというニュースをみて、いつの日か台北監獄跡でも山下氏が記念コンサートを開いてくれないだろうか、とひそかに思っている。そのときにはぜひとも、台湾の心の歌「望春風（バンツンホン）」を弾いてほしい。日本時代に抗日運動のもとに獄死し無言で門から運び出された人々に、現在の台湾の自由と民主を謳う風が届いて、その魂がすこしでも安らかならんと、夢想する。

1945年の航空写真の台北監獄

9

艋舺(バンカ)の動く城
台北下町物語

㉔ 動く城なＹ字路〔旧道型〕
㉕ 皮を剥いだＹ字路〔旧道型〕
㉖ 萬華林宅のあるＹ字路〔都市計画型〕
㉗ 違法増築のＹ字路〔旧道型〕
㉘ 市場前のＹ字路〔旧道型〕
㉙ 北斗七星のＹ字路〔不明〕

動く城なＹ字路

宮崎駿監督作品『ハウルの動く城』のごとく、今にもガタガタと動き出しそうな昆明街(クンミンジェ)と南寧路(ナンニンルー)のＹ字路である。新旧の建築物や増築部分が混然一体となりながら不思議とまとまりをもった景色が生まれている。とりわけ、川にちかく「老台北(ラオタイペイ)」とも呼ばれるここら下町エリアでは、まちを一筋ずつ進むごとに物語のひそむ風景が展開され、まち歩きに倦むことがない。

1709年に福建の民を率いてやってきた陳頼章(チェンライヂャン)によって開墾が始まり、かつては「一府二鹿三艋舺」といわれるほどに台南安平(タイナンアンピン)や彰化鹿港(ヂャンファルーガン)と並んでその繁栄を讃えられた艋舺(バンカ)エリア。「バンカ」とは、平埔族(ピンプーズー)（台湾

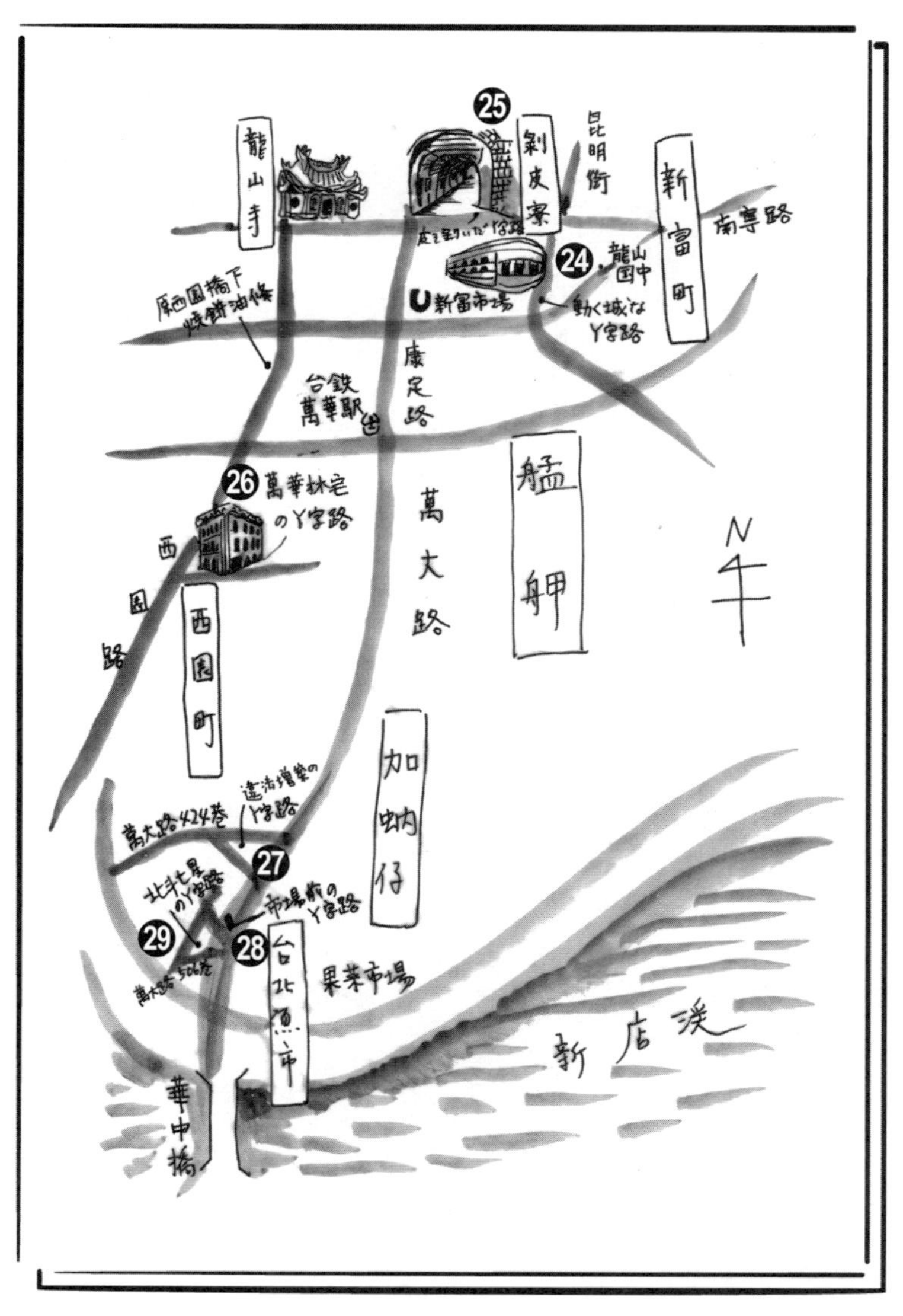

㉔ 昆明街×南寧路　㉕ 康定路173巷×広州街
㉖ 西園路一段×西園路一段306巷　㉗ 萬大路408巷×424巷
㉘ 萬大路×萬大路470巷　㉙ 萬大路506巷×萬大路486巷11弄

原住民族のなかで平野に住む民族を指した）のケタガラン族が使った丸木舟を意味するMankahからきている。これに台湾語で音を当てたのが艋舺だが、日本時代には「万年続く栄華」を意味する「萬華」に転訛し今にいたる。

日本の台湾統治が始まった1895年当時の地図をみると、台北でもっとも知られる古刹・龍山寺の前あたり（現在のMRT龍山寺駅出口付近）には池があったらしい。

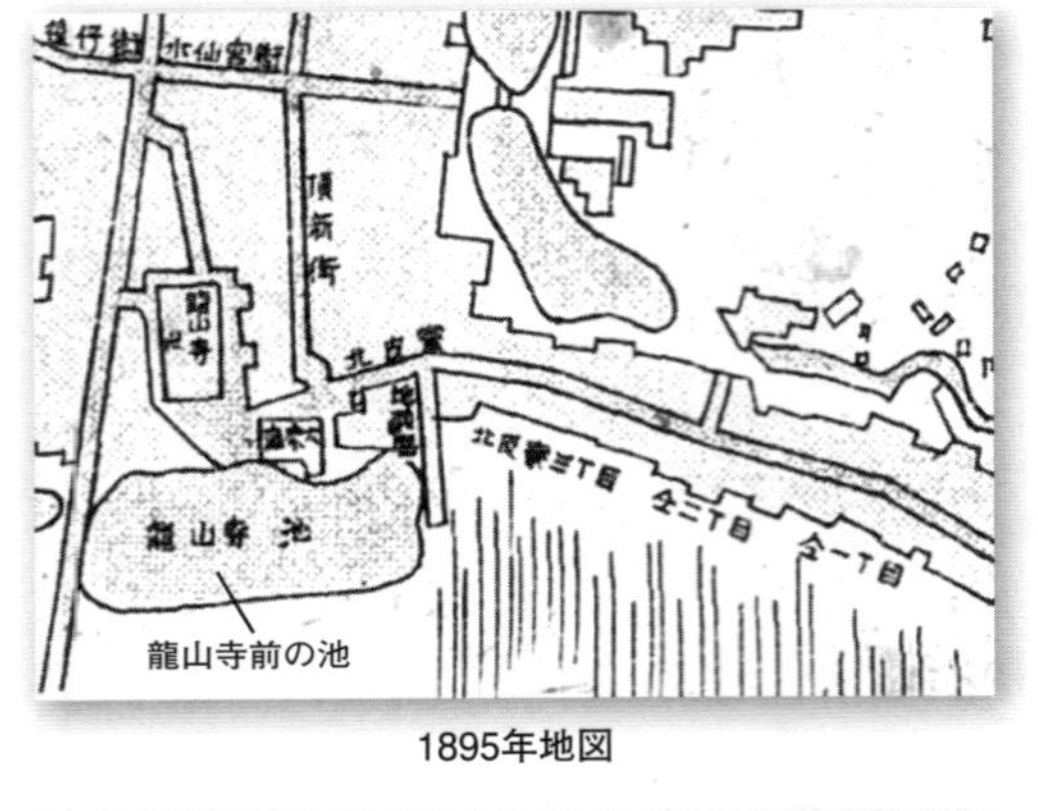

1895年地図

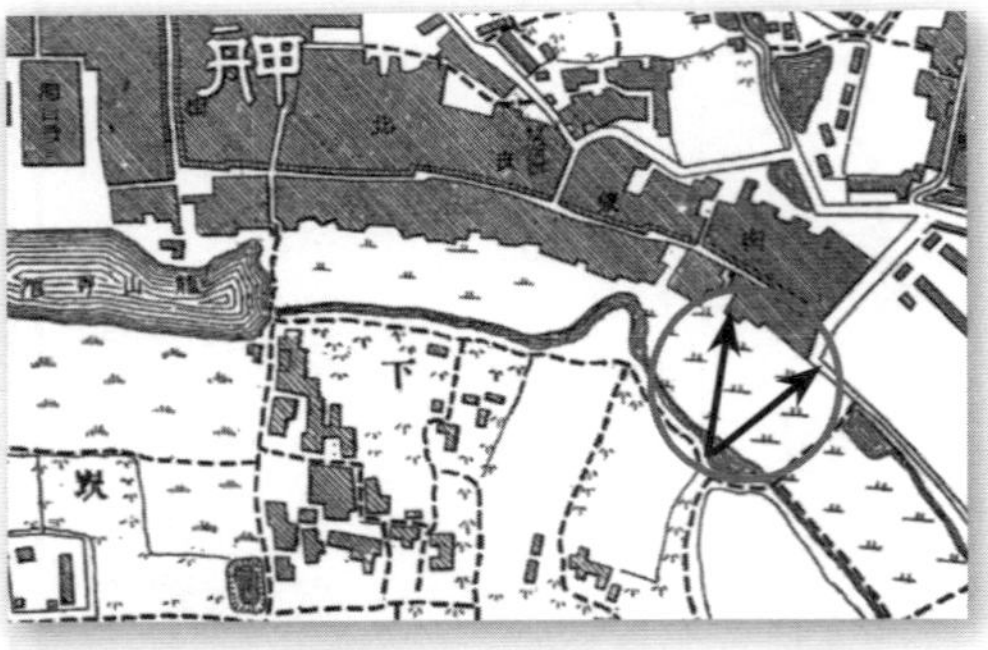
1903年地図

1914年地図

動く城なＹ字路の右側は日本時代に警察訓練所があった

　１９０３年になると、龍山寺前の池から今の三水路と平行に水路が引かれており、ちょうどＹ字路の鼻先をかすめる形となっている。右側の台形の敷地は当時、警官や刑務官を訓練する「総督府警察官及司獄官甲練習所」だった。

　１９１４年になると、現在のＹ字路の原型がほぼできあがって練習所の敷地をぐるりと取り囲む道がそのまま現在の南寧路の一部に、練習所は中学校（龍山国中）になった。２０１９年のある日、校内の土を掘り返していたところ、日本の戦前の軍服をきた白骨遺体がみつかったという。ところがその夕方になって、中学校の校長が今度は「見間違いだった」と白骨がみつかったのを否定するという出来事があった。なんとも奇妙なニュースというほかない。

風水や衛生や利便性と様々な観点で配慮された、新富市場のU字型の建物（水瓶子提供）

このエリアには、萬華（ワンファ）の台所・東三水街市場（ドンサンシュェイジェシーチャン）があり、有名な肉粥屋などおいしい小吃店（シャオチーディエン）が多いことでも知られている。

台北で好きな市場は数あれど、この東三水街市場には特別な思い出がある。この場所に初めて食料品市場ができたのは日本時代の1935年、当時の名前を「新富市場」といった。戦後には場外市場が発達し、長らく忘れられ朽ちるにまかせていた新富市場の建物が、民間の建築会社によって文化スペースとして復活したのが2013年のこと。カフェやコワーキングスペース、キッチンなどを備え、講演や展示会など市場と食文化にまつわるイベントが行われている。

一度、そんなイベントのひとつに呼んでいただいたことがある。新富市場の入り口にある露店にスペースをもらって、当時上梓したばかりの自著を並べた。多彩な食料品の店が立ち並ぶなか、本があるのは不思議な感じだった。声をあげて内容を説明すると、少なくない方々が立ち止まって耳を傾け、また買ってくださったことに感激した。露店に座って休憩していると、いつもは客として歩きながら視線を動かす市場とは違う表情がみられた。お母さんの腕に甘えてグズグズする豚肉屋の小さな娘さんの愛らしい表情や、お隣の艋舺唐記鹹光餅咖哩酥（モンジャータンチーシェングアンピンカーリース）店主の静ちゃんがくれたカレー味の台湾ベーグルのおいしさも、忘れられない。

　新富市場の建物そのものも、見どころが多い。ドイツのバウハウスを思わせる機能的なモダニズム建築は、その細部の意匠が当時の姿を伝えてくれる。たとえば屋根に降り注いだ雨は、「U」の形をした建物の中心に流れ込み、そこから排水溝をつたって外へ出る。水の循環を取り入れて気の流れを促す考え方は、漢人文化で大事にされてきた風水（フォンシュェイ）によるものだ。湿気が多く臭いのこもりやすい気候でも、Uの字型ならば採光や風通しを良くする窓が内と外の二重にとれる。肉屋や魚屋がカーブに沿って並び、屋内を一周すればその日の買い物が終わったという。U字の形自体も中国古代の貨幣を模したといわれ、商売繁盛を願ったのだろう。

　漢人系の人々の文化を取り入れた意匠に、台北ならではの風土に配慮した設計。日本の統治下にありながらも、このころの人々の生活が多様な文化的融合をみせていたことを、新富市場は語ってくれる。

　新富市場で買い物をしていた人々はどんな生活を送っていたのだろうか。

　1928年のこのあたりの職業別地図（148頁）をみると、はきもの屋、質屋、豆腐店という文字がみえる。ほかには「梅の湯」という銭湯、神岡医院に薬屋。「老松クラブ」というのは何だったのだろう？ 新富町と隣り合わせた老松町の寄り合い所みたいなものだろうか。90年前、ここに広がっていた風景。その名残りをいまに留めるものは多くない。

現在Ｙ字路の近くにある「鳥街」は、2017年の台湾映画『台北暮色』（邦題）のロケーションにもなった

1928年臺北市職業別明細圖

皮を剝いだY字路

この近くには、台湾映画『モンガに散る』（鈕承澤（ニウチォンザー）監督／2010年）の大ヒットで一躍観光名所となった古いまち並み「剝皮寮歴史街区（ポーピーリャオリースージェチュイ）」のY字路がある。

はじめてここを訪れたのは、台湾で発行されていた日本語情報雑誌で企画した「生まれ変わる和風木造建築（日式老房子）」特集のため、剝皮寮2階にある台北市政府文化局事務所で担当者にインタビューしたときだった。2階からみる剝皮寮の、色あせた赤い屋根瓦をとっても美しいと思ったのを覚えている。

剝皮寮の名前の由来には二つの説がある。ひとつはかつて動物の皮を剝いで皮革製品をつくるところだったという説。もうひとつは、山から運ばれてきた杉の木の皮を剝ぐ場所だったという説。が、1895年の地図（144頁）をみると「北皮寮（ベイピーリャオ）」と呼ばれ、現在の南寧路48巷のあたりから「北皮寮一丁目・二丁目・三丁目」とつづく今より長いまち並みであった（現在残っているのは三丁目あたりのみ）。そもそも、ケタガラン族の言葉で丸太船を意味する艋舺（バンカ）が、船を介する交易の場として発展してきた経緯を考えても、三峡（サンシァ）などの山中より運びだされた樹の皮を剝いで輸出したという説のほうがしっくりくる。

日本時代の1900年代はじめには台湾総督府によって新しい都市計画が実施され、龍山寺

映画『モンガに散る』で主人公たちが駆け抜けた剝皮寮入り口のY字路と赤い屋根瓦（上）

前にあった池の北側に沿ってのびる新たな幹線（現在の広州街（グァンジョウジェ）の一部）ができる。これはそんな北皮寮街の旧道と、龍山寺池沿いの幹線の出現によってできたY字路である。

剝皮寮から艋舺公園を通り過ぎ、西園路（シーユエンルー）を歩いていく。このあたりは、わたしのお気に入りの朝昼食エリアだ。まずは伝統的な朝ごはんやさん原西園（ユエンシーユエン） 橋下焼餅油條（チャオシアサオビンヨウティャオ）。ここの油條（ヨウティャオ）（揚げ豆乳パン）を挟んだ焼餅（サオビン）はゴマの香りがよく、茶わん蒸しのようにぷるぷるした塩気のある豆乳スープも旨い。それから、その数軒隣にある牡蠣スープのお店。台湾西南部は牡蠣の産地だが、そこで採れる新鮮な牡蠣のおいしいこと。日本のものに比べてずっと小ぶりだが、牡蠣独特の生臭さがなくミルキーで、弾けるようなぷりっとした感触をもち、やさしい味わいの牡蠣スープを口に運んでいるとまち歩きの疲れが癒えてゆく。もうひとつの名物はなぜか日本式のお稲荷さんと太巻きである。戦後の時をへて日本時代の景色は地図の上だけのものとなったが、かつてもたらされた日本の伝統食は、台湾の人たちの生活にしっかりと溶け込んでいるのだ。

萬華林宅のあるY字路

西園路一段に沿ってしばらく歩くと、洋館・萬華林宅（ワンファリンザイ）のある瀟洒なY字路がある。

萬華林宅は、地元の資産家・林細保（リンシーバオ）が買い上げた土地にその息子・林紅麻（リンホンマー）が設計施工し、1932（昭和7）年に竣工した邸宅で、1998年に台北市の文化財に指定された。ひなまつりのお餅のようなひし型の外観は一見奇妙だが、現在、設計した林紅麻の卓見をしめす形状と評価が高い。なぜなら以降の都市計画を見越してわざとこの形にしたことで、新規道路開通にともなう取り壊しを免れ、その姿を保つことができたからだ。

その証拠を、竣工と同じ1932年当時の台湾総督府による都市計画地図（152頁）にみつけることができた。鉄道の線路が現在の艋舺大道（バンカダーダオ）で、そこから斜めにのびる薄グレーの線がその後に西園路となる新設予定道路、林邸が建つのはこの緑町二丁目の真ん中あたりと思われる。そんなわけで、設計者の林紅麻は設計時すでにこの都市計画地図を知っていたということになる。

この建物、どういう風に活用されるか注目が集まっていた物件だったが、2016年よりスターバックスコーヒーが経営することに決まった。そういえば、大稲埕(ダーダオツェン)エリアにある保安街(バオアンジェ)のバロック建築にもスタバが入っている(台北市保安街11号)。日本でいえば、2019年に修復が完了して竣工当時の姿を再現した門司港駅の1階に入ったコーヒー店も、スターバックスである。貴重な建築物が空き家で置かれておくのはもったいないが、カフェにするならば台湾ローカルで頑張っている経営者はたくさんいて、日々おいしいコーヒーと空間を提供している。メジャーなブランドという信頼感のなせるワザなのか知らないが、スタバなんて世界中どこにでもある。いくら眼鏡をかけ替えても背広を旗袍(チーパオ)(チャイナ服)に着替えても、レトロに「すたあばっくす」と言い換えたとしてもスタバはスタバである。猫も杓子もスタバ、いい立地がみんなスタバになるのであれば、あまりにも寂しい気がするのは、わたしだけだろうか。

1932年臺北市區計畫街路並公園圖

萬華林宅のあるＹ字路。都市計画地図に合わせてあらかじめひし形に建てた

違法増築のY字路

西園路とおなじく新店渓（シンディエンシー）河川のほうに向かってのび、萬華区（ワンファチュイ）を南北に貫通する幹線道路は萬大路（ワンダールー）という。この無法な増築っぷりが存分に味わえるY字路（156頁）をみつけたのは、萬華の中心から萬大路を河川よりにいくらか歩いた路地のなかだった。写真の建物5階部分のようなスペース、頂楼加蓋（ディンロウヂャーガイ）についてはじめて知ったときは驚いた。台北の大部分のアパートの最上階にあるこうした頂楼加蓋は、最上階に住む人が自分のフロアを勝手に2階建てや3階建てにしたというからだ（今では違法となり、新しい増築はできなくなった）。

頂楼加蓋は家賃が安いので、台北に実家のない異郷人（エトランジェ）だったら一度は住んだことがあるといい、90年代の傑作青春台湾映画『ラブゴーゴー』（1995年／陳玉勲（チェンユーシュン）監督）の舞台にもなった。夏はうだるように暑く、台風が来ればトタン屋根がバンバン音を立てて鳴りやまず、浸水し、冬はすきま風に悩まされる。出入りするのに、下階（大家）の家を通って上がらねばならない。わが家のアパートの最上階も頂楼加蓋だが、アメリカ人やスペイン人、韓国人などさまざまな国から来たらしい学生たちが暮らしている。

ここはどんな背景をもつY字路なのだろう？ 1930年の地図をみると、Y字路左側の424巷がこのころにはもうできていたようだ。

さらにさかのぼって1898年。前述の424巷は、現在の萬大路にあたる道と並び、このあたりのメインストリートであった。

古く清代にはこの付近を「加蚋仔（Ka-lak-á）」と呼んだ。北はおよそ西蔵路、東は国興路、南および西は新店渓までを指し、今の萬華区の南半分におよんだ。日本時代中期（1922年）には西園町と東園町との名称に変わり、戦後は両町が合併して雙園区となった後、萬華区に編入された。

加蚋仔の名は、バンカと同じくケタガラン族の言葉に由来する。沼地を意味する「Tagal」が、現在の台北市の大部分を指す「大加蚋」に転じ、その一部を「加蚋仔」と呼ぶようになった。川の近くだけに、蚋（ブヨ）のたくさん飛ぶ草地が広がっていたのだろうか？ 名前からかき立てられる想像をふくらませたみえない風船を手に、

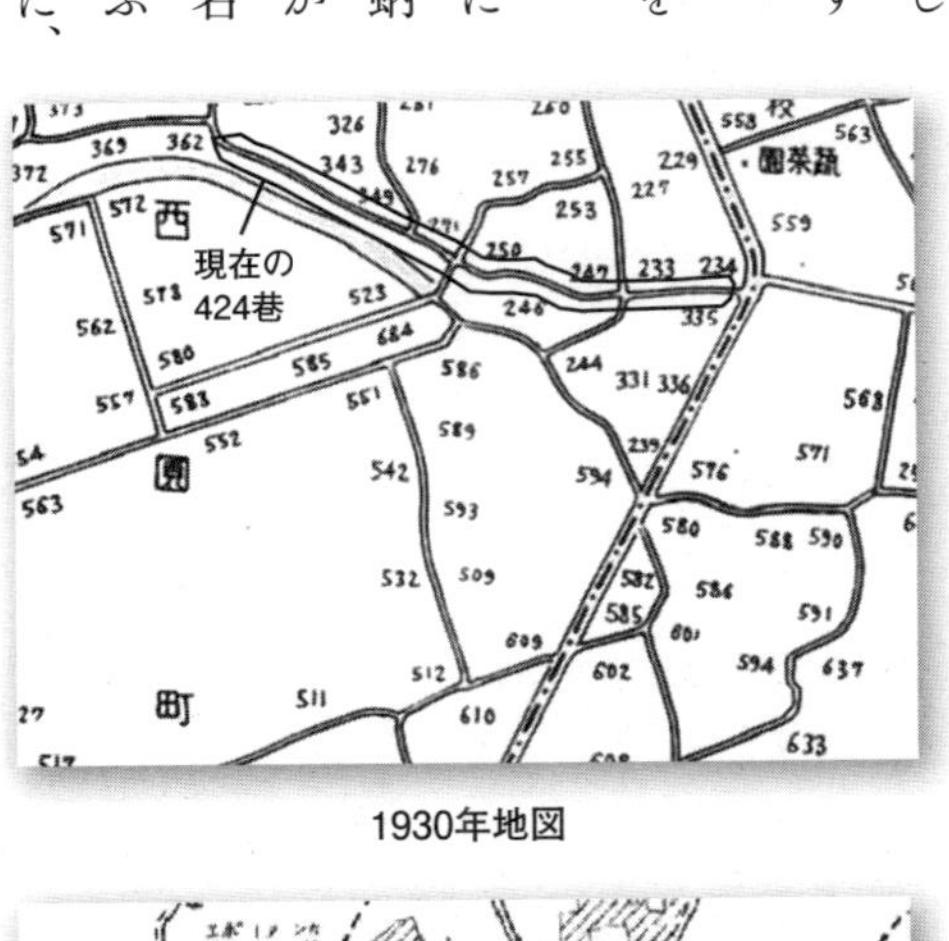

1930年地図

1898年地図

左側が清代からある424巷の違法建築のＹ字路。
３階の「珠心算」はそろばん教室のこと

さらに歩く。

市場前のY字路

そろそろ新店渓にかかる華中橋にさしかかろうという所に台北市食品総合卸市場がある。その萬大路を挟んで向かい側にもY字路をみつけた（158頁）。

写真中央の柱にある広告「林合發」は、油飯（台湾おこわ）の老舗で、本店は迪化街・永楽市場の近くにある。満1か月をむかえた男子の内祝として絶大な人気があり、フォックスコン（鴻海）の会長・郭台銘氏の男児誕生の際にも選ばれた。郭氏といえばシャープを買収したことで日本でも知られるようになったが、2020年の台湾総統選に名乗りを上げた際には「媽祖様が夢枕に立って台湾総統になれとお告げがあった」といったことで台湾社会を沸かせた。ジェンダーへの考え方やエネルギー政策など、アジアのなかでもとりわけ進歩的にみえる一方で、非常に伝統的かつ保守的な顔を合わせ持つ台湾社会。「富」「信仰」そして「合理性」を兼ね備えた郭台銘氏は、良くも悪くも非常に台湾的な人物であることを再確認した出来事だった。

男児誕生の内祝いに使われる台湾おこわの特色は、男性器を表わす幼児語（日本語でいう〝おちんちん〟）に音が通じる鶏のモモ肉と、睾丸を模したピンクのゆで卵が二つあしらわれているところだ。この直截的な表現を初めてみたときには、おどろきで後ろ頭をしたたか打ちそ

真ん中にみえる看板は老舗の台湾おこわのお店

うになった。ちなみに女児の場合は鶏肉の代わりにトコブシを置く、というのは冗談で、クッキーなどのお菓子を贈ることになっている。

周囲には饅頭(マントウ)屋の老舗やチャイナドレスの仕立屋もあり、かつての艋舺の賑わいが、中心より離れた川沿いのこのあたりまで行き届いていたことを伝える。Y字路左側の路地に心惹かれて入っていくと、賑やかな音楽がきこえ、ひき寄せられるように歩を進めた。

北斗七星のY字路

先端が廟になっているY字路で、ちょうど楽団が来てお祭りの最中である。電光掲示板に「艋舺」「萬壽」「北極」の文字が走っている。道教の玄武大帝を祀る廟なので、お誕生

Y字路には廟があることも多い。ここの廟では玄武大帝の誕生祝いをしていた

日のお祝いなのだろう。玄武大帝は北斗七星の神格化で、土地を守り禍（わざわい）をしりぞけて福寿をもたらすといわれている。

民間信仰によると玄武大帝はその昔、屠殺業に従事しており、屠殺業者の守り神的な役割を担っているという説もある。ということは、この廟は近くの食肉卸市場となにか関連があるのだろうか？

萬大路沿いの台北市食品総合卸市場ができたのは、1974年のことである。もともとは萬華の北側・西寧南路（シーニンナンルー）（現在の西寧市場）に日本時代より中央市場があったが、建物が老朽化して移転を余儀なくされた。また西寧南路のさらに北側に集中していた食肉市場も、環境衛生の観点から一時的に松山区（ソンシャンチュイ）の基隆（ジールオン）河（ホー）沿いへと移されたが、河川への汚染が深刻となり、これまた萬大路へと移転してくることになったらしい。夜中の1〜2時には漁船から下ろされたばかりの魚介類をはじめ、中南部より運ばれてきた家禽などの肉・野菜・果物を載せたトラックが、台北市民の胃袋を満たすため先を争って行き来する。卸市場のなかでは午前3〜4時より競(せ)りが始まり6時ごろには終了するという。

現在の西園路という名称は、日本時代の西園町という呼び名がもとになっている。園とは、花園のことである。1920年以前、このあたりはお茶の香りづけに使うジャスミンの花を盛んに栽培した「花園」だったのだ。それが今は、食品市場から発せられる悪臭が常に付近にただよっており、住民を悩ませているのは皮肉な話だ。

高橋才治郎の梵鐘

徐州路18巷×林森南路61巷〔旧道型〕

ある雨の日。

MRT善導寺（サンダオスー）駅近くにあるシェラトンホテルで友人と会う約束をした。待ち合わせまで時間があったので付近を散策していたら、ホテル裏手に端正なY字路をみつけた（163頁）。

地図で確認すると、右側の徐州路（チュジョウルー）18巷は、1895年にも存在する由緒正しき道路である。東へのびて今の齊東街（チードンジェ）にも続いている。まあ、旧道由来のY字路さんであられましたか！とその鋭角にさらなる親しみを覚えつつ、思いだした。そういえばこの近くに日本時代から残る鐘楼があるはず。

さらに仁愛路（レンアイルー）へ向かって歩くと、みえてきた。

「東和禪寺鐘樓」、正式名称を「曹洞宗大本山臺灣別院鐘

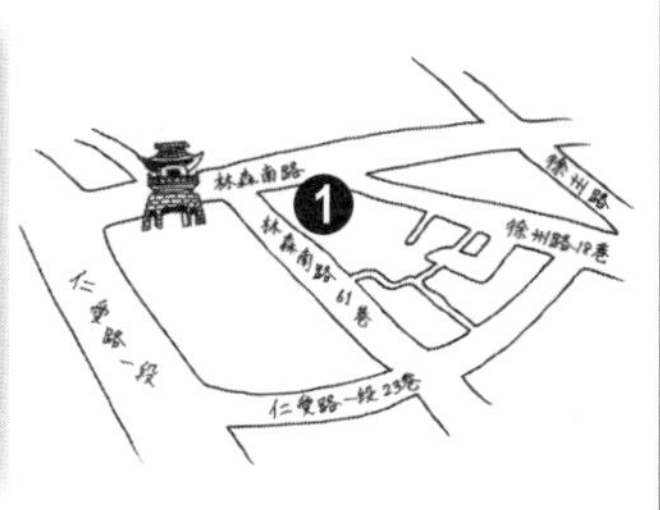

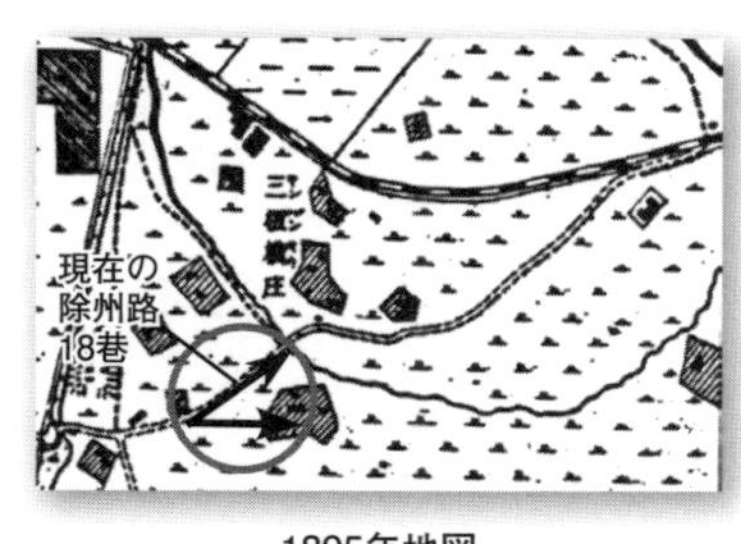

1895年地図

東和禅寺鐘楼

樓」という。曹洞宗大本山台湾別院は、日本時代に台湾へやってきた曹洞宗布教の中心であり、当時の責任者であった伊藤俊道師の監督により1910年に建立された（鐘楼建立は1930年）。1921（大正10）年出版の『大日本人物史』によれば、伊藤俊道師は三重県の出身で、永平寺東京出張所副総監や大本山永平寺顧問を歴任、人徳厚く宗教界の偉材であったとの記述があり、日本曹洞宗の台湾布教への意気込みを感じることができる。

梵鐘（ぼんしょう）製造にあたって、伊藤師が制作を依頼したのが京都の「大橋才治郎」である、と敷地を管理する台北市青少年育樂中心（タイペイスーチンサオニエンユィラーツォンシン）のウェブサイトには書かれている。しかしこれは恐らく間違いで、正確には「高橋才治郎」の手によるものと思われる。

高橋才治郎は、1865（慶応元）年生まれの鋳物師で、京都市寺町仏光寺下ルに「高橋鐘声堂」という仏具店を興した。代表作には京都八坂神社の青銅狛犬のほか、曹洞宗の大本山總持寺（横浜）の大梵鐘も制作していることから、台湾の梵鐘も高橋才治郎に依頼したであろうことは想像にかたくない。

試しに「高橋鐘声堂　梵鐘」と検索してみれば、高橋才治郎のつくった鐘、つまりこの台北の梵鐘の兄弟たちが、その音色を日本各地で響かせていることが知れる。

高橋鐘声堂があった寺町仏光寺あたりは、現在はコンピュータや電子部品、ゲームなどのショップが立ち並ぶ京都の秋葉原的なエリアである。それでも、昔ながらの刷毛（はけ）をつくる西村彌兵衛商店や、明治からつづく額装屋さんもぽつりぽつりと残っているなあ、と思いながら地図を眺めていて、額装屋の裏に「永養寺」というお寺を発見した。京都の永養寺町といえば、わたしが京都に暮らしたころに住んだ長屋があった場所だが、それはもう少し西の、烏丸通りを越えたあたり（高辻西洞院（たかつじにしのとういん））にある。

そういえば、その長屋の路地の入り口に、とある石碑が立っていたのを思いだした。石碑には「道元禅師示寂の地」とあった。そこは、日本における曹洞宗の開祖・道元和尚がその生涯を閉じた場所である。

台北の曹洞宗の鐘楼のことを調べているうちに、京都で昔住んでいた家の前にたどり着くとは。

やっぱりY字路は、時として不思議な巡り合わせを運んでくれる。

徐州路のＹ字路。左側が古くからある旧道

10

風水なY字路
台北府城いまむかし

㉚ 風刺漫画家のいたY字路〔都市計画型〕
㉛ 電影街のY字路〔暗渠型〕
㉜ 台湾一有名なY字路〔都市計画型〕

風刺漫画家のいたY字路

ポルトガル人にFORMOSA（フォルモサ：美しい島）と呼ばれ、16世紀に初めて世界史のなかに登場した台湾が、台湾鎮として清国の管轄下に繰り入れられたのは1684（康熙23）年のことだ。最初に置かれたのは城府ひとつだけで、それが今の台南（タイナン）のまちである。それから1874年に牡丹社事件（台湾出兵／征台の役。75頁参照）が発生したのをきっかけに、清朝は台湾管理に力を入れるようになる。それはそうだろう、唐突に日本に介入された揚げ句、琉球をうばわれてしまったのだから。

そんなわけで、淡水河（ダンシュエイホー）沿いに「艋舺（バンカ）」と「大稲埕（ダーダオツェン）」というふたつのまちが発達し

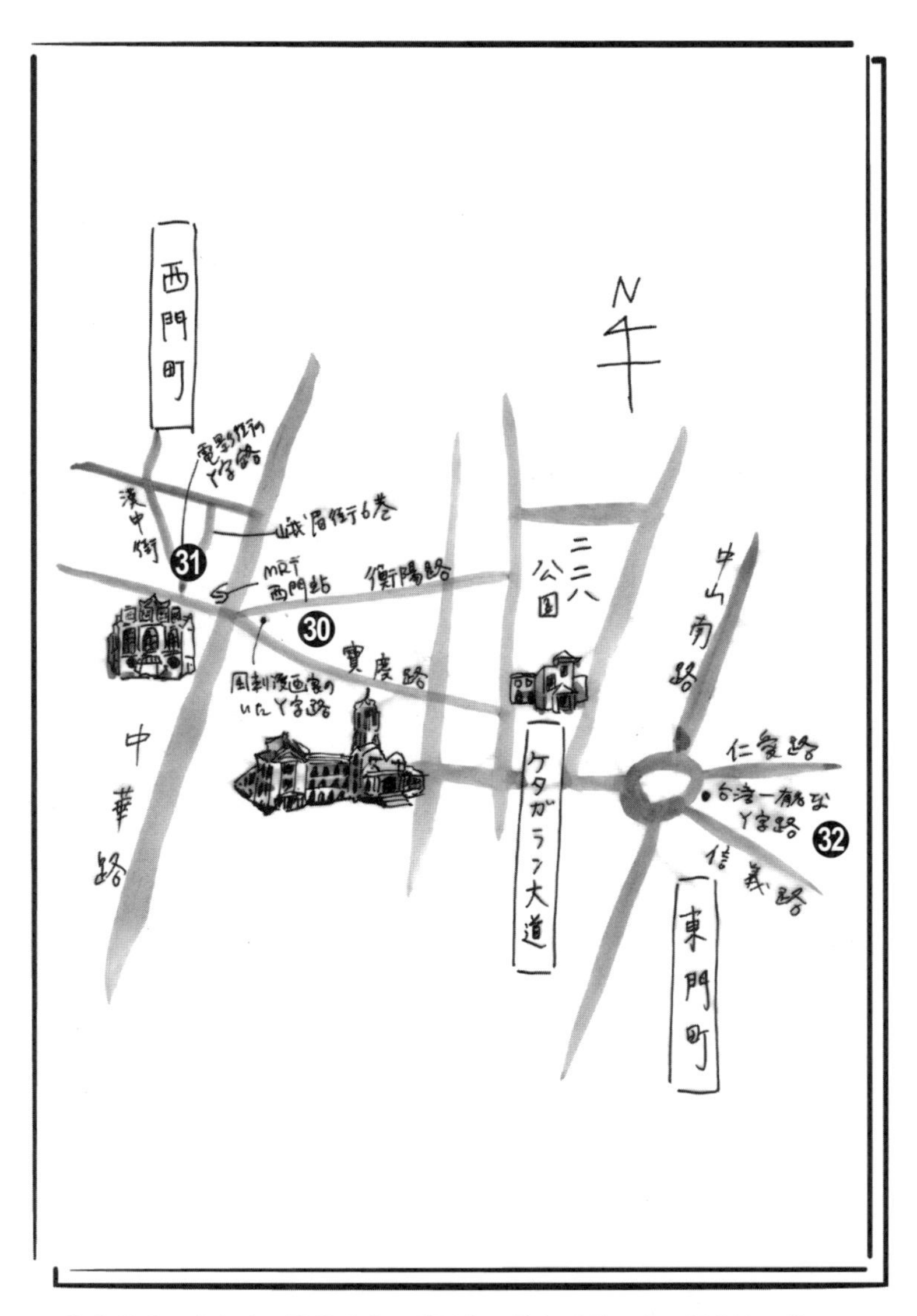

❸⓪ 衡陽路×寶慶路　❸① 漢中街×峨眉街　❸② 仁愛路一段×信義路一段

ていた現在の台北にも城府の置かれることが決まり、民間から献金を募って「台北府城（タイペイフーツェン）」が正式に開かれたのは1879（光緒5）年、台湾が日本の統治下に入る16年前の出来事だった。1882（光緒8）年には城郭の建設がはじまって2年後に竣工、材料には淡水にほど近い唭哩岸（チーリーアン）や、現在は新興住宅エリアとして発展している内湖（ネイフー）の金面山（ジンミエンシャン）で採れた石が使われた。

この城郭が築かれているあいだに、都市計画の大幅な変更が起こった。当初、台北府城の設計を監督していた官僚が決めたのは、淡水河と平行に幹線道路がつくられていく河川沿い発達型のまち並みが、「艋舺」と「大稲埕」の真ん中につくられることだった。ところが、城郭が建設される際の主事が「山」の存在を重要視する風水占いの流派だったため、こんどは城府の東北にそびえる七星山（チーシンシャン）（現在の陽明山国家公園内にある）の山頂に向けて、城郭の主軸を13度ほど東に傾けた。台北城内の主な道路と城郭が平行ではないのには、実はそんな理由があったのである。つまり、台北城門の内外にあるY字路は、風水占いによる台北府城の都市計画の変遷に影響されたものだった。

わたしも結婚して台湾に来たとき、婚家なじみの風水師にみてもらったことがある。新居の家具の配置から、ベッドの方角、名

1911年最新臺北市街鳥目全圖

前、身につける服の色や運勢など、それはそれは細かく指示された。最近では自然出産も増えたけれど、かつては風水師にみてもらい吉日と時刻をえらんで帝王切開で出産することも一般的だった。だれかが亡くなれば葬式の日取りを相談し、当日まで遺体は公営の冷凍室に保管され、その期間が10日や2週間以上に及ぶこともある。まさにゆりかごから墓場まで、台湾人の生活に風水がどれだけ大きな影響を持っているかを実感する機会は少なくないが、あにはからんや。Y字路にまで風水の力は及んでいるのであった。

ってなわけで、台北城門にはもれなくY字路がついてくる。ここは西門跡地のY字路である。清代には城壁が築かれていたが、日本時代に取り除かれた。この城壁を成していた石は、その後もさまざまな建物に再利用され、そのひとつに台北監獄の壁がある。

Y字路先端の大きな通りは幹線・中華路（ジョンファルー）、東山彰良の『流』や呉明益（ウーミンイー）『歩道橋の魔術師』など名だたる小説にも登場した中華商場（ジョンファシャンチャン）も、かつてこの通り沿いにあり、そのころは電車も地上を走っていた。

中華路を境目にY字路の向こう側が城内で、歩いていけば総統府（旧台湾総督府）がみえてくる。日本時代にはこのY字路の左側、衡陽路（ヘンヤンルー）に建っていたのが、『臺灣日日新報』（1898年5月1日創刊）のビルで、日本時代に最大の発行部数を誇った新聞はここから発信された。

この日日新報で活躍した、当時の台湾で唯一ともいえる日本人風刺漫画家・国島水馬（くにしますいば）によって描かれた風刺漫画は、日本が大正デモクラシーから皇民化政策を経て太平洋戦争へと突き

風刺漫画家のいたＹ字路。左側にかつて日日新報社があった

台北城壁の再利用の一例。台北警察大同分局脇

進んでいくなかで、そこに生まれた摩擦や衝突、矛盾を見事にあぶりだし、厳しい検閲をすり抜けて批判することに成功している。これは、2012年に日本で出版された坂野徳隆著『風刺漫画で読み解く　日本統治下の台湾』（平凡社新書）に非常に詳しく、伝わってくる当時の空気感は文字で書かれた新聞記事の比ではない。総督府から目と鼻の先であるここ日日新報で日々生まれていた国島水馬の漫画。それは社会において漫画が本来担っていた役割をみごとに思いださせてくれる。

中華路手前の門外一帯を西門(シーメン)町(ディン)というが、かつて城郭がまだあった清の時代、このあたりは行き倒れの死体や墓場の点在するジメジメとした荒野で本島人は住まない気味の悪い場所だったらしい。確かに日本の領土になったばかりの1895年の地図（下側）をみれば、この西門を出たあたりは沼地で、そこから向こうは地図が口をぽっかりと開けているように、

1914年台北市街図

1895年台北及大稲埕・艋舺略図

何もない。それが日本時代に入り、総督府に近い西門前は内地人の暮らす内地人街として発展したのである。

これら地域の様相の移りかわりを証明するかのごとき建物も残っている。中華路を挟んでこのY字路の真向かいにある西門町のシンボル的建築・西門紅楼（シーメンホンロウ）で、周辺は東京の新宿二丁目のようなゲイカルチャーの中心地としても知られている。西門紅楼の日本時代の正式名称は「公設西門町食料品小売市場」。通称を八角堂と呼んで親しまれた。設計は総督府技師の近藤十郎で、東京駅丸の内駅舎を設計した辰野金吾の弟子というだけあって、意匠にも赤レンガに白いラインが特徴的な辰野式が取り入れられた優美な建築だが、特殊な八角形なのは、土地本来の性質が陰気なため縁起をかついで陰陽の八卦（はっけ）の形を採用した、と台湾在住作家の片倉佳史氏は書いている。ほかにも西門紅楼脇にあった稲荷神社をはじめ西本願寺（浄土真宗本願寺派台湾別院）など5つの寺社仏閣があり、日本時代の西門町は宗教施設の密集地帯でもあった。

西本願寺跡。戦後は政治犯の収容や中国からの移住者の集合住宅として使用されたが、火災で大部分が焼失、2006年に鐘楼や輪番所など、焼け残った建築が保存指定された

電影街のY字路

西門町はまた、東京・浅草のような休日の娯楽地域の役割も担った。台北で一番はじめにできた劇場は、台北城内で1897年に開幕した「浪花座」だが、その翌年の「淡水館」、1900年にやはり城内に開幕した「台北座」「十字座」につづき、ここ西門町にも「栄座（さかえざ）」が1902年、漢中街（ハンチョンジェ）と峨眉街（アーメイジェ）のY字路の眼と鼻の先に誕生した。

「栄座」は1500人を収容することができる当時一番大きな劇場だった。それ以降、劇場や映画館が次々にオープンした西門町は、戦後に電影街（ディエンインジェ）（華語で映画街という意味）の異名を持つようになる。また映画文化以外では、かつて西門市場（西門紅楼）の脇にあった稲荷神社の前に門前市よろしくたくさんの露店が立ったことから発達した露店文化も、現在の西門町に引き継がれる日本時代の遺産といえるかもしれない。

そのほか、日本時代にできた劇場のいまむかしは以下のとおり。

・第二世界館（のちに昆明街（クンミンジェ）の太平洋飯店（タイピンヤンファンディェン））
・新世界館（のちの新世界戯院→誠品書店→現在は服飾ショップのH＆M）
・芳乃館（のちの国賓戯院（グォビンシーユェン））
・国際館（のちの国際戯院（グォチーシーユェン）→萬年商業大楼）

電影街のＹ字路、左側の道路・漢中街は１８９７年以前は水路、右側の峨眉街６巷は、鉄道の影響を受けた道路である

・大世界館（のちの大世界戯院↓カラオケチェーン「星聚點（シンジュディエン）」）
・台湾劇場（のちの中国戯院↓複合商業ビルの「阿曼（アマン）T:iT」）

ところで西門町に最初にできた「榮座」は戦後に「萬國戯院」という映画館に変わり、現在も「絕色影城」という映画館だ。そして絕色影城が入っているビルの大部分を占めているのは日本のユニクロである。日本人によって生まれた露店文化が戦後の中華商場へと連なり、個人商店が特色を競い合うことで個性的なまちとして歩んできた西門町に、今度は世界中どこにでもあり同じ商品が置いてある日本発のグローバル・チェーンが戻ってきたというのは、ちょっぴり皮肉な感じがする。

1955年に落成した「新生戯院（シンセンシーユェン）」は1966年に戦後最大の大火災を起こし29人が死亡、25人が重軽傷を負う大惨事となった。原因は漏電といわれているが、現在はここも高級カラオケボックスチェーンの「銭櫃（チェングェイ）」に生まれ変わっている。

じつはこの西門町、火災の多い場所としても悪名高い。戦後になって22回もの大火災が発生したそうで、台湾映画『西門に降る童話（原題：西城童話）』でも、それがモチーフとなっていた。西門町の火災で家族を亡くした謎のホームレス男性が火災後の廃墟をねじろにする話だが、西門の火事というのは中華商場と同じく台北人の共同記憶のなかに収まっていることを実感し、まちの記憶と台湾映画との関係にあらためて興味を惹かれた。

この『西門に降る童話』は、台北というまちにまつわる歴史認識やアイデンティティを積極的に描き出そうとした『台北発メトロシリーズ』という7作品のなかの一本である。わたしが実際に公開当時映画館で観たこのシリーズのひとつに、『五星級魚干女』（邦題『まごころを両手に』）という作品もあった。台北の奥座敷・新北投（シンベイトウ）にある古い温泉旅館を舞台に、父母を交通事故で亡くし、旅館を経営する祖母に育てられた主人公・芳如（ファンルー）を『目撃者』などで演技力をみせたアリス・クー（柯佳嬿）が演じていた。

アメリカ留学を夢見ているが、祖母の入院をきっかけとして、日本時代から続く歴史ある旅館がじつは膨大な借金を抱え、アメリカ留学どころか倒産の危機にあるという事態を知ってしまう主人公が、祖母秘蔵の年代物のバイオリンを目当てに旅館にきたアメリカ人のバックパッカー、アレンを巻き込み、すったもんだしながら五つ星の旅館を目指して奮闘するラブコメディである。

この映画の肝になるのがバイオリンだ。日本時代に祖母と恋仲になった日本人によって旅館に持ち込まれたものだが、一足先に西洋化した日本が台湾に近代を持ち込んだ歴史を彷彿とさせるなど、日台の関係性をあらわす幾重ものメタファーとなっている。ほかにもたとえば、終戦とともに日本が台湾を放棄し、さらに1972年には国交断絶という、日本語教育世代からよく耳にする「台湾が日本に二度捨てられた」経験、日本への思慕を残しつつ自立した個として目覚めた台湾がアメリカとうまくやりながら国際社会で発展していること、いま台湾で盛んな日本時代の建築遺産を活かした観光スポットの開発など、現代までの日台米の歩みがバイオリンに重ねられる様はまるで、日本時代の遺産を受け入れ、アメリカ文化も取り込みながら、しなやかに生きる台湾の自画像のようにみえた。映画の作法や技術的に荒っぽいところもみられるものの、たとえば現代日本の映画作品において、これほど真摯にローカルな歴史や風土に屹立するアイデンティティへと、きちんと向きあった商業作品があるだろうか。ともすれば忘却のかなたへと埋葬される記憶を必死につかまえようともがいている、ひたむきさ。わたしが台湾映画に魅了されてやまない理由のひとつである。

西門でどうして火災が多いのかというのに、こんな説がある。戦後に中国から来た蔣介石率いる国民党によって日本時代に建てられた多くの寺社仏閣が排除されたことにより、封印されていた彷徨える魂が解放され、災いをもたらしているというのである。話としては興味深いが、実際はもっと複雑な事情がある。戦後になって、中国からの移住者が日本人引き揚げ後の住居を引き継いだものの、家屋の数が足りないので、いたるところに「違建（ウェイジェン）」と呼ばれる違法占拠や建て増しバラックが急増した。これらの建築群は人口が過密なうえ、消防設備や避難経路もなく、大規模火災の温床になったため、そうした違法建築群で生活する人々への対策として建てられたひとつが中華商場でもあった。

台湾一有名なY字路

台北城門前に、Y字路あり。宮殿式の門の奥に大きなビルがそびえ立つここは、かつての台北府城東門のY字路である（177頁）。この通りは総統府にまでのび、戦後は蒋介石の長寿を祈念する介壽路（ジエショウルー）と呼ばれた。しかし、国民党以外から初めて総

1974年台北市街観光図

統となった陳水扁（チェンシュェイビエン）によって、古くから台北一帯に暮らしていたケタガラン族に由来する「ケタガラン（凱達格蘭）大道」と改名された。同じ時期、蔣介石の本名である「中正」を冠した「中正国際空港」は「桃園国際空港」に、また「中正紀念堂」も「台湾民主紀念館」に改名されたが、陳水扁のあとに政権をとった国民党の馬英九（マーインチュウ）総統のとき再び中正紀念堂に戻ったので、いささか複雑である。こういった動きを「台湾正名運動」というが、ある台湾人の友人はこうした動きについて、台湾でも人気の高い宮崎駿『千と千尋の神隠し』の登場人物になぞらえてこういった。

「台湾人は、他民族からのながい支配を経て、じぶんの本当の名前を忘れてしまっている。だから取り戻さなきゃいけない」

台湾が１９８０年代に民主化されて以降、このケタガラン大道は、台湾の人々の「じぶんの本当の名前」を取り戻すための、闘いの舞台になってきた。

結婚してきたばかりのころにここで起こったのが、当時の総統・陳水扁を批判するイメージカラーに赤い服を着る「赤シャツ隊」のデモだった。ちょうど写真のY字路左側にみえる台湾大学病院の病棟に義父が入院していたときで、お見舞いにいくと視界が真っ赤に染まるほどの人出が朝な夕なに眺められ、台湾の人々の政治や社会への関心の高さに驚いた。２０１３年に、兵役中に受けたイジメが原因で亡くなった洪仲丘（ホンジョンチウ）さんの死に際して起こったデモでは、軍隊内部の透明性を求める人々が白いシャツを着て季節はずれの大雪のようにケタガラン大道を

ケタガラン大道前の東門とＹ字路。左手にみえる台湾大学の病院で義父を見送った思い出の場所でもある

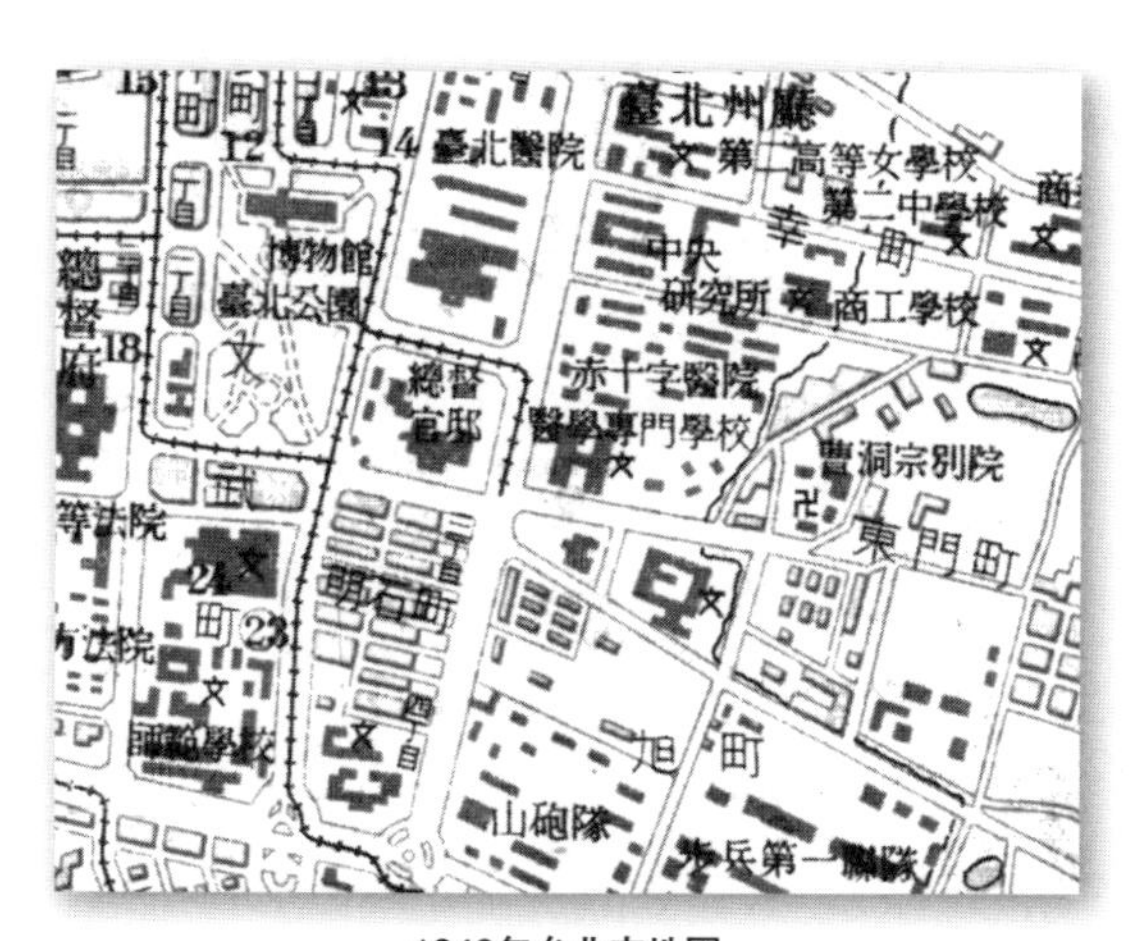

1940年台北市地図

現在および1896年の東門

真っ白に埋め尽くした。その数は25万人ともいわれ、「八月雪運動」とも呼ばれた。

こうした大きなデモのほかにも、たくさんの社会運動が、毎週末のようにここで行われている。しかし「本当の名」が、台湾に暮らす人々それぞれの背景によって異なるところが、台湾の複雑さであり難しさでもある。

そんな台湾社会のメタモルフォーゼを眼のまえで観てきた、Y字路真ん中にそびえる東門は、1896年ごろの姿をみれば様子は今とまったく異なる。

日本時代に改修され北門と似たような外観となったが、1966年にはふたたび建て替えられて、宮殿式のデザインを取り入れた今の姿にかつての面影はない。正式名称を「景福門(ジンフーメン)」という。

Y字路写真の景福門の背には、日本時代には日本赤十字社台湾支部が置かれていたが、戦後に国民党に接収されて国民党中央党部ビルとなった。その後、2006年にエバー航空を有する長栄グループに買い取られ、現在は海事博物館となっている。

一代で巨大な事業を築きあげ、2011年の東日本大震災では10億円という巨額の義捐金を送った長栄グループの張栄発(チャンロンファー)氏。その張氏が2016年に亡くなったため、その事業を引き継ぐ跡目争いで揺れている長栄グループ。

元国民党中央党部ビルに、ケタガラン大道、そして張栄発基金会。ここはおそらく、台湾でもっともメディア露出の高いY字路に違いない。

11

カフェー桃源
女たちのY字路

民族運動のY字路

日本時代の民族運動家である蔣渭水（ジャンウェイシュェイ）（1890―1931）。日本の統治下で「台湾文化協会」を設立して台湾人の民権を訴え、総督府によって何度も逮捕された。また国際連盟に日本のアヘンの専売制のことを訴えたことでも知られる。

台湾が日本の領土下に入った当時、台湾には多くのアヘン吸引者がいた。それに対して早急な対策が求められたことで、後藤新平が民政長官のときに「漸禁主義」がとられる。いきなりアヘンを中毒者から取り上げるのではなく、総督府の管理のもとで徐々に減らしていこうという政策だが、このアヘンの専売制は結果的に、総督府に莫大な利益をもたら

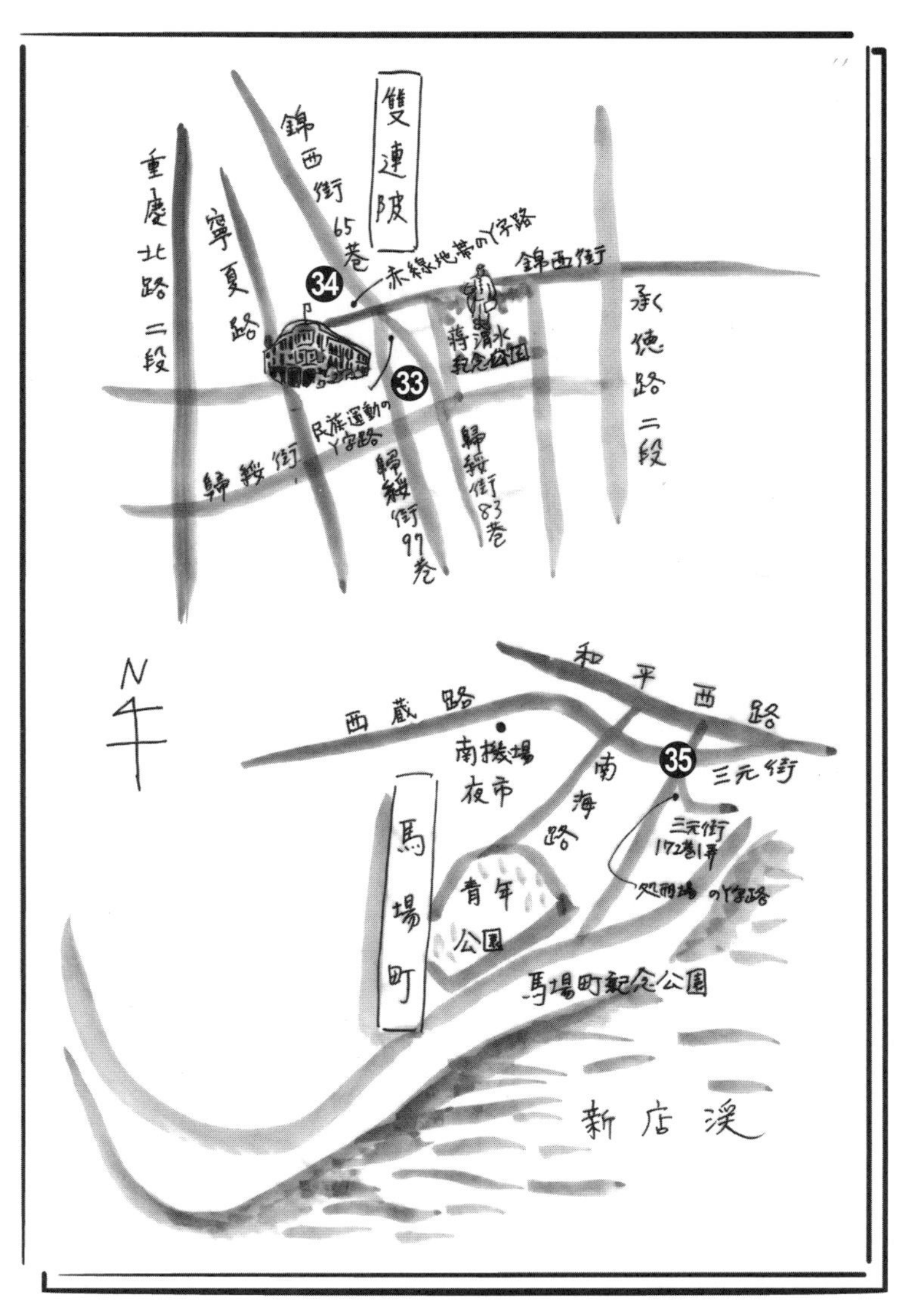

㉝ 歸綏街83巷×歸綏街97巷　㉞ 錦西街65巷
㉟ 三元街172巷1弄×寧波西街

し、財政を内地より独立させることに役立った。これに味を占めた総督府は、海外から輸入したアヘンを台湾人に売りさばくだけでなく（内地人へのアヘン吸引は厳しく禁じられた）、内地や朝鮮での国産化にも着手し、そこで生産されたアヘンを台湾で売りさばくことにより、利益の効率化を図るようになる。こうした麻薬による台湾人への搾取は、国際的に問題視されるようになる1930年代まで続くが、そこで余剰となったアヘンは次に中国へと消費者を求め、このことから日中戦争へつながっていったとの説もある。わたしたちが今、台湾で目にできる総督府や博物館など日本時代の内地に負けないほどの壮麗な建築物が、日本によってアヘン漬けとなった植民地下の人々の命と引き換えられた財源でつくられたかもしれぬ暗い歴史を、「近代化に貢献した」という耳あたりのよい言葉で覆い隠してはならない。台湾の人々が権利を求めて闘ったこの時代のことを知れば知るほどに、強く思う。当時の台湾民族運動家たちは「アヘン吸引禁止」を掲げたが、次頁の二つの写真はそうした運動家のひとり、蔣渭水を記念した公園のそばにある向かい合ったY字路である。

　このY字路に沿うように、かつては雙連陂（シュアンリエンピー）と呼ばれる川が流れていた。雙連という名には、二つの大きな沼地という意味がある。この付近、日本時代は下奎府町（しもけいふちょう）と呼ばれた。いまは赤峰街（ツーフォンジェ）といって、機械修理の店が立ち並ぶなかに洒落たカフェや美容院が続々と開店して人気の観光スポットとなっているが、かつては鋳物をつくる鉄工場が立ち並んでいた。鉄工には大量の水が必要なため、水場が近かったのが理由かもしれない。下奎府町という名は、もともと

縁起のよい言葉が並んだ、台湾ローカルのバーガー（朝食）屋さんのある民族運動のＹ字路

バーガー屋の向かいにある豆花の店も同じくＹ字路になっており、二つの向かい
合ったＹ字路がもともとは水路か旧道によってつながっていたことが想像できる

この地に住んでいた原住民族の部落名から取られた。巴賽族（ばさいぞく）といい、時代とともに漢化が進んで20世紀はじめに絶えてしまったが、アジア各地をフィールドワークした人類学者・鳥居龍蔵（とりいりゅうぞう）による写真だけが残っている。

赤線地帯のY字路

このY字路のすぐ近くに、台北市の文化財に指定されている建築物がある。名前を「文萌楼（ウェンモンロウ）」という。このあたりはかつて、いわゆる赤線（公娼街）で、特にここ文萌楼は、日本時代に始まった公的性産業から、性産業従事者の人権運動へと連なる歴史を伝えるために保存されている。権利運動のもっとも重要な人物といわれている官秀琴（グァンシゥチン）さん（通称：官姐（グァンジェ））についての記録展示があり、一度閉鎖されたが、紆余曲折をへて、現在は週2回予約制で参観できる。

官姐は元公娼で、元総統の陳水扁（チェンシュエイビエン）が台北市長時代に公娼を廃止したことにより失業。私娼となった後に「台北市公娼自救會」の会長として性産業従事者の人権運動に尽力したが、2006年に基隆（ジールォン）海岸にて水死体で発見された。

日本時代の1898年より始まった台湾の公娼制度だが、日本時代以前からの繁華街であったここ「歸綏街（グェイスエイジェ）」から艋舺（バンカ）、大稲埕（ダーダオツェン）に集中して設置され、遊郭のほかに、芸妲（イーダン）（日本でいう芸妓や舞妓のような、芸事を磨いてお酒の席につく女性のこと）の働く大型の宴会場である「酒楼」

元赤線の街並が残る歸綏街

文化財指定された文萌楼の入り口

現在の歸綏街のまち並み

が立ち並び、かつての歸綏街といえば肩をぶつけながら歩くほどの賑わいをみせたという。

潑剌な七月の風は　エロティック
彼女達の長衣は　金魚の皮膚
手足は尾ひれのやうに
大稲埕の街を遊泳する

1934（昭和9）年の日日新聞で風刺漫画家・国島水馬が、当時の歸綏街あたりの様子を描いた漫画に添えた文章は、作詞家の松本隆もびっくりという感じの表現力をもって、「台北の不夜城」と呼ばれた妖艶な雰囲気を伝えている。

文萌楼を通り過ぎ、今は無機質なマンションへと姿を変えたかつての高級料亭

「江山楼（カンサンラウ）」跡を左にみながら大通り・重慶北路（チョンチンベイルー）に出ると、老舗らしき薬局や病院が目立ってみえる。公娼制度の一番の目的は性病の予防で、女性たちには定期的な検査が行われていた。検査の日には、ここ重慶北路の婦人科の前に女性たちが列をなしていたのかもしれない。

日本語で多くの小説を発表し、純文学雑誌『福爾摩沙（フォルモサ）』を発刊するなど日本時代に活躍した小説家・編集者である嘉義出身の張文環の小説に『芸妲の家』という話がある。主人公の芸妲の名を采雲（さいうん）という。

好きな日本人（内地）男性との結婚を夢みるが、母親の希望にそわないので芸妲の仕事をやめることができない。抗えない自分の運命を嘆き、トイレに立った明けがた窓から淡水河の水面にさざなみが立つのをみて、「こういう社会における自殺は今のところ唯一の打開策ではないか、と考えながら淡水河に浮かぶ帆掛船を眺める」ところで、物語は終わる。

帰綏街から淡水河までのなかで生業をしていたあまたの女性のなかに、どれだけの采雲がい、どれだけの采雲が自ら果てたこと

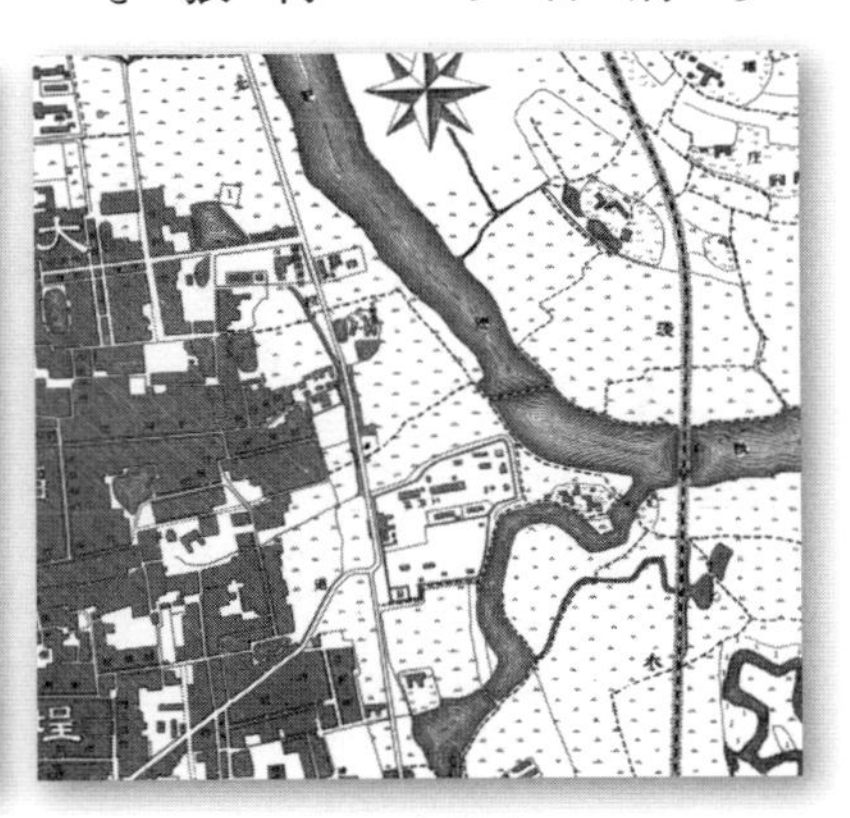

1914年地図

1903年地図

だろう。少なくともわたしたちはひとり官秀琴という名の采雲を知っており、その痕跡はひっそりと今も、歸綏街139号にある。

処刑場のY字路

萬華（ワンファ）から東へ向かう三元街（サンユエンジェ）で、このY字路に出会った。誘われるがまま左側の路地に足を踏み入れたくなるような、魅力的な表情をしている。Y字路のほかにも、台北には珍しい上り坂になっている三元街は、元は新店渓（シンディェンシー）へと流れこむ川であった。

日本時代には川を境に、北側は「龍口町」、南側は「馬場町」と呼ばれた。当時は馬場町の大部分が陸軍練兵場であり、乗馬の訓練も行われたことから馬場の名がついたらしい。またこの区域内にあった陸軍飛行場は松山機場に対して台北南機場といい、夜は多くの人で賑わう南機場夜市（ナンチーチャンイエシー）の名前に受け継がれている。

馬場町の端っこにあたるこのY字路右側をまっすぐ進み、かつて鉄道（新店線／萬新鉄道）が走っていた汀州路（ディンジョウルー）を横切り、さらに新店渓の川べりまで進むと、川沿い一帯に広がる公園へ出る。現在は

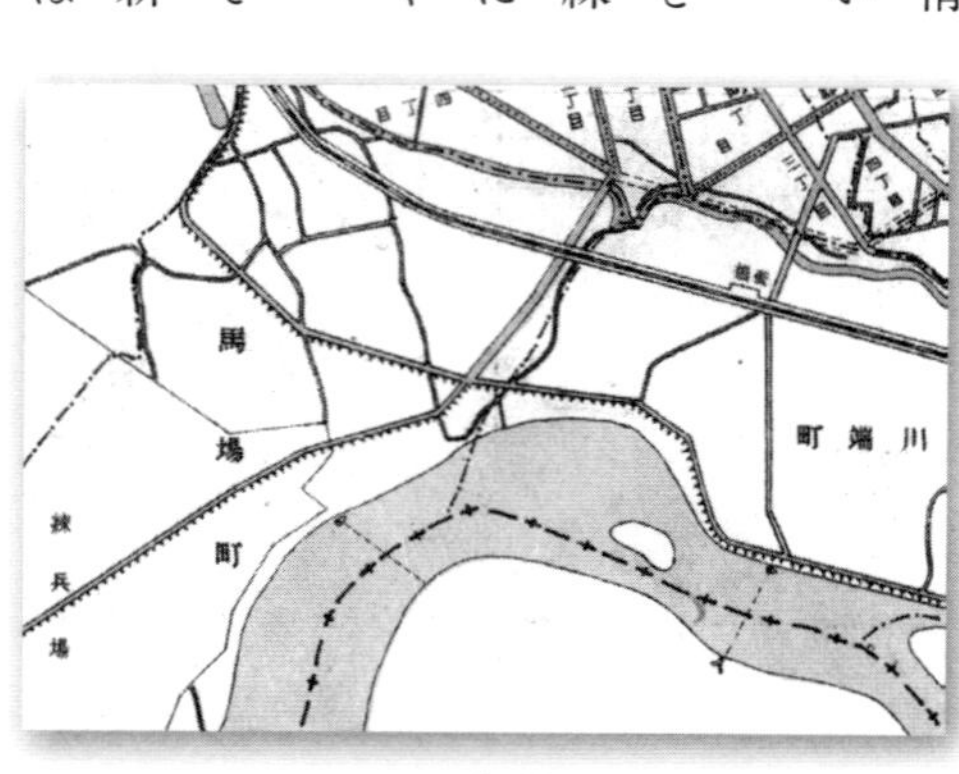

1927年地図

三元路のY字路。左側の道路を進めば、かつての「馬場町」に出る

「馬場町記念公園」と呼ばれるここは白色テロ時代の処刑場で、1000人におよぶ政治犯が銃殺されたらしい。処刑された人々の罪状は主に中国共産党のスパイ容疑で、国民党の台湾省行政長官として台湾に来た陳儀（チェンイー）も含まれている。

陳儀と聞いて忘れられないのが、中華民国政府が日本の投降を正式に受け入れ、台湾を接収した1945年10月25日の新聞広告だ。陳儀は日中戦争の終結後、1945年10月25日に中華民国台湾省の第1代行政長官に就任し、台湾接収の責任者となった人物である。

歓迎　陳儀長官閣下　美人と佳酒の饗宴
に　清涼の夜を酔い給へ

（1945年10月25日の新聞の広告／秋恵文庫より）

これは新起町（今の西門町あたり）にあった「カフェー桃源」の日本語で書かれた広告で、髪を結って和服を着た女給さんたちがずらりと並んでいる。左端に座っている女性はチャイナドレスを着ているようにみえる。

明治末期に東京は銀座で興ったカフェー文化は、「純喫茶」と、女給さんが酒や食事を提供する「特殊喫茶」とに分かれていく。これらは台湾へも伝わり、大稲埕や萬華は台湾版カフェー文化の大きな舞台となっていた。大正に入り巻き起こった大正デモクラシーの風は台湾にも届き、植民統治下で「本島人」と別称されて、さまざまな面で二等国民の待遇に甘んじていた台湾の人々のアイデンティティを刺激した。大稲埕や萬華で成熟したカフェー文化は台湾青年知識人たちのサロンの土壌ともなり、社会運動家・蔣渭水らを生み、やがて台湾人のための権利・文化発展を模索する民族運動に連なっていった。

台湾の富豪の家に生まれ育ち、日本と中華民国という二つにまたがる怒濤の時代を経験し、日台関係に深く関わった伝説的

和装とチャイナドレス姿の女性が入り混じったカフェ桃源の広告

外交官・張超英（チャンチャオイン）は、自身が小学生のときに経験した日本の敗戦時の様子をこう語っている。

「8月15日、日本が戦争に負け、大人たちはみな嬉しそうな様子だったが、僕たち子供は少しばかり悲しい気持ちだった」

「僕たちは完全に日本の皇民化教育を受け入れていたし、将来的に最善の教育は日本の軍学校に入る事と信じていた。先生たちも、鬼畜米英が来たら強姦などの酷い事をされると言っていた。だから戦争に負けた時は悲しくて、『最後の一兵卒まで戦い抜く』と宣言していたではないか、負けたなんて何かの間違いだとおもった。それから、街で日本人が台湾人に殴られているのを見た。それで初めて、日本が本当に負けたのだとわかった」


「歓迎　陳儀長官閣下」の一文はだれに向けて書かれたものだったのか。新しい時代の訪れへの期待に胸をふくらませた台湾紳士たちに向けたものだったろうか。10月25日の夜には、どんな人が「カフェー桃源」を訪れ、どんな話を交わしたろう？　「カフェー桃源」を舞台にこの日のことを、溝口健二監督の『赤線地帯』のようなタッチで描いた映画があればさぞ面白い作品になると思う。

台湾の日本人引き揚げが開始されたのは翌年の2月からだった。

陳儀の在任期間中、物価は急騰し政治は腐敗、それによって募るばかりだった台湾の人々の不満が、ある日爆発した。1947年2月28日に起こった二・二八事件である。闇タバコを売っていた中年女性を官員が殴ったのをきっかけに、民衆と政府が衝突し、台湾全土に広がったデモを政府が武力弾圧した。これを発端として戒厳令下に入った台湾では、1987年に戒厳令が解除されるまで多くの人が政治弾圧の犠牲となった。

白色テロと呼ばれる弾圧の犠牲者は数千人から数万人にのぼるというが、いまだに解明されていないことも数多く、現代の台湾社会になおも暗い影を落としている。

二・二八事件の責任を取って辞任した陳儀は、翌年の1948年に共産党へ寝返ったことが露見し、馬場町の川べりで銃殺刑に処された。1950年6月18日のことである。陳儀は若いころ日本への留学経験があり、奥さんは日本人だったが台湾には一緒に来ていなかったようだ。夫を処刑され、共産党下に入った中国に残されていた日本人妻はその後、どんな人生を送ったのだろうか。

下奎府町(しもけいふちょう)のY字路

承徳路二段37巷×53巷〔暗渠関連型〕

淡水河(ダンシュエイホー)流域の艋舺(バンカ)地区に続いて水運により発展した大稲埕(ダーダオツェン)地区にある、中山・赤峰街(ツーフォンジェ)。情緒あるレリーフやタイルの埋め込まれたコロニアル洋式建築の機械部品問屋や修理工場が立ち並ぶなかに、ポツポツと感じのよいカフェやギャラリーが顔をのぞかせ、お洒落スポットとして注目を集めている。

その裏手にすてきなY字路があった（195頁）。屋上に増築された赤と緑のプレハブと、洗濯物の対照がポップさを醸し出していた。

写真右手の道路は、承徳路二段37巷。

1903年の地図（194頁）をみると、現在の中山地下街R8出口あたりにあった池だか沼だかの水源から淡水川に流れ出る水路の存在が、現在のY字路に影響しているようだ。Y字路のすぐそばにある建成公園(ジェンツェンゴンユエン)も、北側および西側の端と当時の水路の形が重なる。

この付近、日本時代の名を下奎府町(しもけいふちょう)といい、もともとこの地に住んでいた巴賽族(ばさいぞく)の部落名か

らとられた。1928年の台北市職業別明細地圖によれば、このあたりには鉄工所が立ち並んでいる。吉永小百合が主演した日本映画の名作『キューポラのある街』のように、キューポラの立ち並ぶ光景が、かつてのここ赤峰街にもみられたのだろうか。

鋳物をつくる鉄工場が多かったのは、鉄工に必要な水源が近かったからだろう。水路や湧き水への近さは、じっさい昔から多くの職業に影響を与えた。「暗渠」をキーワードにまちのもつ多層性ある景色をさがしだすユニット「暗渠マニアックス」（吉村生氏＋高山英男氏）の高山氏のフィールドワークによれば、水を大量に使う銭湯やクリーニング店は暗渠との親密な関係をもつ「暗渠サイン」である。台北では伝統市場も暗渠サインのひとつではないかと高山氏は指摘するが、赤峰街のような機械工場（こうば）の集ま

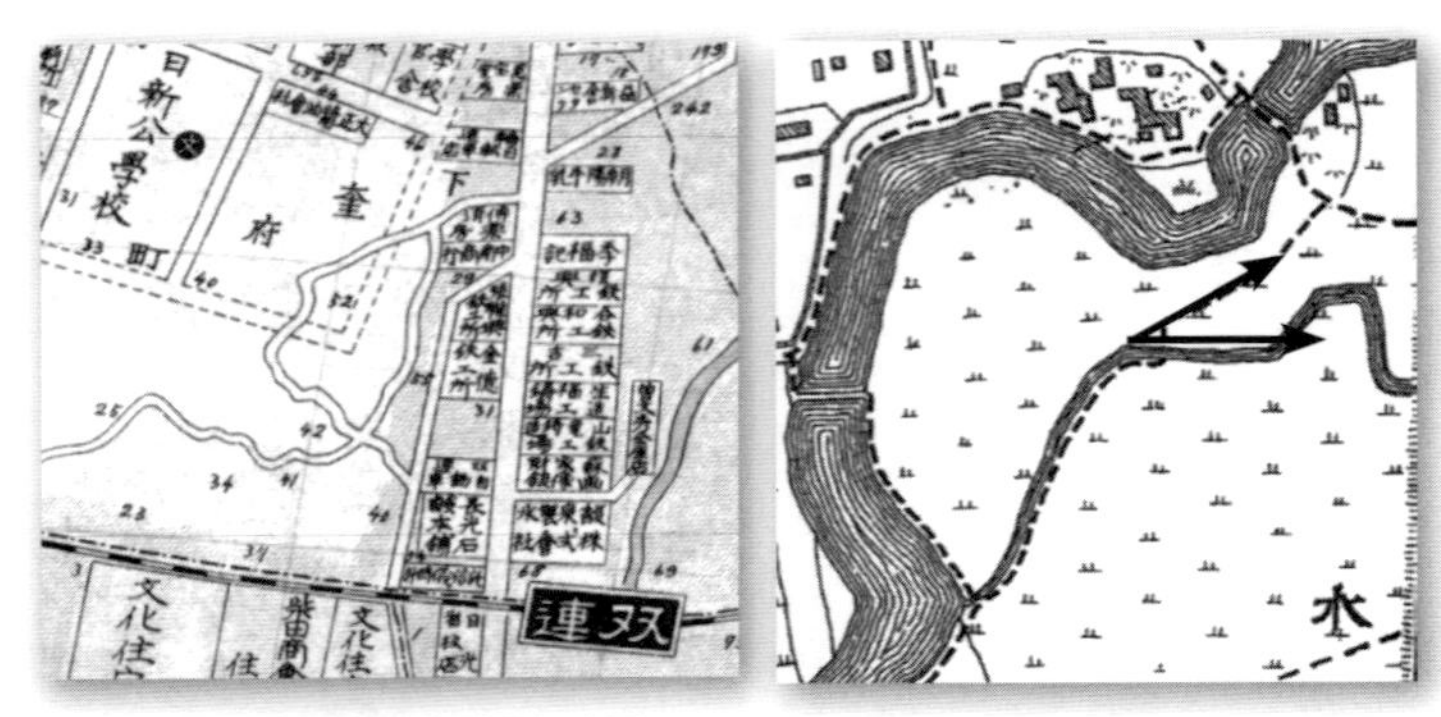

1928年台北市職業別明細地圖　　1903年地図

るエリアもまた、水の流れを暗示しているのかもしれない。

1903年には右側の道路が川だった

「小故宮」と呼ばれた骨董店

骨董店ＫのＣ社長は台中の生まれである。生まれ年は１９２８（昭和３）年で、わたしの祖母と同じなのでよくおぼえている。

社長の実家は台湾でよく知られる財閥にもつらなる名家で、出入りの骨董屋がおり、何人もいる兄たちが買ったあとの売れ残りを社長が蒐集しはじめたのが８歳のころというから、昔の台湾の金持ちというのがどんなだったかわかる。

17歳で終戦を迎えたＣ社長の母語は台湾語と日本語である。26歳で日本へと渡り、某有名電機会社のライセンスを得て機械製品の台湾輸入を手掛けるようになった。台湾もちょうど経済成長期に入ったところで日本から多くの技術や製品を輸入したが、その役割を担ったのが、戦前に日本語教育を受けて日本語を自在にあやつれる、いわゆる台湾の日本語世代だった。

逆に、日本で新たな商売を興したり発明をした台湾人も少なくない。コインランドリーやビジネスホテルを日本で最初にビジネスにしたのは「金儲けの神様」と呼ばれた直木賞作家の邱永漢といわれているし、チキンラーメンに代表されるインスタントラーメンも、日清の創業者である安藤百福ら台湾系華僑たちの発明という。戦後、1972年には国交の途絶えてしまった日本と台湾だが、それでも深く長らく今まで結びついてこられたのは、彼ら台湾華僑の存在に拠るところも大きいだろう。

C社長が日本で出会って結婚した奥さんのC太太（タイタイ）は、台湾うまれの客家人（クージャーレン）である。実家は台中で林業を営んでいた資産家で、花嫁修業で日本に留学して社長と出会った。C太太の気質を一言でいえば、好奇心旺盛。今でもたまに会いに行くと新しく始めようとしている商売についての夢――料理教室や日本の工芸品を置くセレクトショップなど――を、夢みる乙女のようなキラキラとした瞳をみせながら話してくれる。憧れをついには実現せずにはいられない、そんな気質は昔から変わっていないようで、東京時代は六本木で宝石店を開いたこともあり、顧客にはM田洋子や美輪A宏もいたという華やかさであった。客家人で経営者という女性を幾人か知っているが、みな共通するものがある。万事きちんとして姿勢がよく、じぶんを華やかに演出するセルフプロデュース術に長け、肝っ玉がすわり時として驚くほど大胆だが、好ましいと思う人にはとことん優しい。

ところでC社長の場合、貿易業が成功して得た財産は、すべて美術品に費やされた。時は1966年、中国で文化大革命が起こり、膨大な美術品が中国から流れでて日本へも渡ってきたころである。これがC社長の人生の大きなY字路だったのかもしれない。つぎつぎと持ち込まれる美術品を手あたりしだいに買い込み、六本木にUという骨董店を開いた。

C社長のすさまじいのは、その買いっぷりであった。仕入れにしても、「じゃあ、これとこれをください」といったチマチマした買い方ではない。倉庫にあるものならば、その倉庫すべて、若い芸術家の展覧会にいけば会場にある作品すべてをゴクリ、と丸呑みするみたいに買い上げる。一事が万事そんなスタイルだから、コレクションのなかにはすごく良い品もあったが、得体の知れないものも混ざっていた。実際、商売をしていれば良いものから売れるので、売れ残った品の全体的な質はだんだんと落ちていくのが常である。すると、また大量に買い足す。そんなわけで、一番ものが多かったときには10万件ほどの美術品が手元にあったらしい。戦後すぐに蔣介石が中国から台湾へと持ち込んだ台北の故宮博物館の美術品がおよそ70万件ということを思えば、社長が買い貯めた量が半端ではないのがわかる。だから当時は、台北の故宮博物館にも負けないほどの優品を所有したこともあったが、それについて社長はこんなことをいっていた。「所有したというより、自分の手のうえを通り過ぎていったという感じだったねえ」。

それから何年も経ち、C夫妻はおびただしい美術品とともに故郷の台湾へと戻ってきた。戻ることになった事情はよくわからない。幼いころから食べなれた台湾の味が、恋しかったせいかもしれない。夫妻は台北郊外の別荘地で博物館のように大きく壮麗な骨董店Kを構え、「小故宮」とあだ名された。

台湾アイデンティティの模索

奥さんのC太太とのご縁で、わたしがKの台北支店でいっとき働かせてもらったのは、C社長がすでにご高齢になってからである。C社長は車いすに乗って店によくみえたので、そばへ行って日本語でいろんなことを教えてもらった。掛け軸の巻き方や、陶器の扱いかた。漢字ではものを売ることを「賣（マイ）」というが、その漢字を分解してみると「四」＋「貝」、つまり物を仕入れて売るにはおおよそ原価の4倍の値段をつけるものだとそのときに習ったが、実際にそれで商売がうまくいくのかは知らない。

わたしの仕事は、C社長夫妻が日本にいたときに買いあつめた日本の美術品を整理することだった。焼き物や漆などの工芸品が多かったが、近現代の洋画や版画も多くあり、なかには台湾と深い関わりを持つ日本人画家の絵もあった。たとえば、戦前に台湾で活躍していた日本人画家、そして台湾の画家たちが日本へと留学していた際に交流のあった先生たち――藤島武二とか梅原龍三郎といったよく知られた画家の作品もある。

そういった台湾美術史につらなる作品のことを調べにKへとやってきたのが、台湾美術史の研究者であるHさんとドキュメンタリー映画監督のLさんだった。Hさんは台湾大学で歴史を学んだあと、幼い娘さんをつれて日本へと留学、東大で東洋美術史を修めて博士号を取得した才女である。わたしが骨董店Kではじめて会ったとき、Hさんはまだ東京大学の博士課程にいたが、腕には日本で生まれた二人目の乳飲み子を抱え、周りの人のサポートを得ながら研究に燃えていた。Lさんは、日本男性と結婚して子育てしながら作品を撮りつづけ、台湾では知られたドキュメンタリー映画作家である。C太太、Hさん、そしてLさんをはじめとする元気な台湾女性たちとの出会いは、当時まだ執筆を始めておらず、幼いわが子の世話に追われて進むべき方向を見いだせぬまま、見知らぬまちの夜の暗いY字路を前に、左右どちらに行けばいいかもわからず突っ立っていたようなわたしの足元を、暖かく照らし出してくれる幾本ものマッチだった。

Hさんとの付き合いはその後も続き、台湾での初めての自著で、華語への翻訳をしてもらうことになった。その翻訳作業のなかで、いろいろの問題がでてきた。たとえば、日本時代のひとつひとつの事柄をどう表現するかという問題だ。

台湾を植民地として支配した側である日本人が、台湾の人々に読んでもらうために台湾の歴史について書くということ、その難しさについて、わたしたちは何度も話し合った。そして、その困難に向き合っているのはHさんも一緒だった。戦後の台湾で生まれ育ったHさんは、国民党による反日教育を日常的に受けて育った。学校で教師から、「銃剣で妊婦や赤子を刺し殺すほど残虐な日本人」の話を何度も聞かされてきた世代である。

南京事件は確かにあったとHさんは思っているし、わたしもそう思う。ただ、そこには時の力学を雄弁にするための過剰な脚色があったとHさんはいう。小・中・高という長い教育期間のあいだ、Hさんが受けたのは国民党政府による主観的な歴史で、「長い間、大きなウソに騙されてきたのだと思うと悔しい」というHさんの言葉が忘れられない。たしかに、そのころの中華民国の国民といえば台湾をふくめ、北はモンゴル、西はウイグルやチベットまでが「自分の国」と教えられて育ったので、幼なごころに信じていたものを裏切られたという思いが、現在のHさんの「台湾サイズ」の「台湾人アイデンティティ」を強めていることは間違いがなかった。しかし、台湾の人々がそうした台湾意識を求めるこころは、戦後に中華民国となってから抱かれるようになったのではないことを、わたしはHさんが研究している戦前の台湾人画家たちの作品を通して知ることになる。

西洋でうまれた美術、いわゆる「洋画」が日本へ渡ったのは、バテレンたちがキリスト教を伝えた16世紀の戦国時代ごろまで遡るが、油絵具をつかった洋画が日本に定着したのは明治維新以降のことである。そして、それまで日本には「美術」という概念をあらわす言葉はなかった。もちろん画や工芸、和建築や庭づくりについて日本各地で研鑽されてきた技術や美意識はあったが、あらためて「美術」という単語が日本の歴史のうえに現れたのは1872（明治5）年のウィーン万国博が行われる際のことだ。

ときに人間は国際的（インターナショナル）になればなるほど、国粋的（ナショナル）になるらしい。西洋式の生活スタイルとともに洋画や美術といった概念が西洋より輸入され、万国博に出展するようになった明治以降、日本人はこぞって「富士山」「芸者」「和服」「奈良の大仏」といった日本ローカルなアイコンを好んで描くようになる。

1900年代はじめ、パリのエコール・デ・ボザールで教鞭を取ったラファエル・コランは、印象派の影響を受けた柔らかい光のなかの裸婦像を多く手がけて「外光派」と呼ばれ、黒田清輝をはじめ、和田英作や岡田三郎助など多くの日本人画学生を指導した。はじめは師の画風の模写から油絵を学んだ日本人画家たちは、同じような風景の構図やタッチを用いながらも、モチーフを日本的なものに変えることで、西洋から換骨奪胎された「日本人」の油絵をめざすようになる。黒田清輝を代表する作品『湖畔』でも、背景の湖の描きかただけでいえば西洋か日本かどこなのかわからないけれど、柔らかい光線で画面に描かれた女性が結髪に浴衣姿でうちわをあおいでいることで、作品は突如「日本」的な輪郭をもつ。

こうして、西洋から輸入された筆法や構図のなかに日本的なモチーフをどのように入れ込んでいくか、そのモチーフと自己との距離が日本における近代絵画のなかの大きなテーマとなったが、それは「日本的とはなにか」を再規定するナショナルな試みでもあった。またそこには、西欧に求められているエキゾチックでオリエンタルな需要に応えたいという、健気なサービス精神もあったかもしれない。

「台湾には文化がない」

同じことは、戦前の台湾美術界でも起こった。絵を志す多くの台湾の学生たちが東京美術学校（現・東京藝術大学）で学び、帝展にも出展し、次々と台湾独特の風景をモチーフに作品を発表した。

1927年には台展（台湾美術展覧会）が開催される。台展の目的は、台湾の文化的な特色を発掘したり創造したりすることにあった。そのためにもっとも効果的なのが台湾のローカル色を前面に押し出すことで、まちの風景や原住民族、バナナの樹など南国的な植生のある庭、独特の山岳風景、文化の多様性を感じさせる淡水のまちといったモチーフは非常に好まれた。

一方で、台展で好まれた「台湾ローカル色」は日本の植民地政策上での思惑とも表裏一体だった。台湾の国家学術機構である中央研究院の顔娟英（イエンジュエンイン）氏は論考のなかで、「島民に生活娯楽を提供する以外に、台湾の風土、人情の特色を紹介する作品を発表して、日本乃至世界に向けて台湾の治績を宣揚し、台湾の地位を高めること、これがつまり台湾展開設の根本目的だったのである」といっている。つまり、日本の台湾統治が文化的な側面でもうまくいっていることを対外的に知らせるために、台展ははじまったということだ。

台湾を代表する油絵画家のひとり、陳澄波（チェンツェンポー）の作品には「日本の領有下で近代化していく台湾」と「故郷の懐かしい伝統的な風景」とを対比させた風景が繰り返し描かれる。たとえば、1926年に第7回帝展（帝国美術展覧会）に出品された『嘉義の街はづれ』という作品をみれば、嘉義の街の一角が掘り返され、そこを流れていた水路が今まさに暗渠化され道路インフラが整えられている最中である。すでに整えられた道路には、順番に電信柱が立ち並び始めている。その脇には台湾の伝統的な閩南（ミンナン）建築の屋根が天に向かって反り返り、天秤棒を担いだ人が歩いている。身近な街はずれを舞台に、台湾の近代化とひきかえに懐かしい風景が次々と失われていく今この瞬間が閉じ込められ、そこには植民地下で創作をつづける画家の引き裂かれるようなアイデンティティへの悲哀が、塗りこめられているように思える。

一方で、顔娟英氏は台展に参加した若者たちについて、こうも書く。

「台湾の特色を創造するというスローガンは、むしろ台湾人の新世代の興味を惹きつけ、彼らを熱心に参与させたということである。清代の台湾は辺境であり、一般人は土地を開拓したり科挙を受けるぐらいしか社会的に上昇してゆく機会はなかった。1910年代半ば以降、経済の安定的成長により、多くの台湾青年が日本や中国に留学できるようになり、彼らは自らの郷土の持つ複雑で曖昧な背景を自覚すると、『台湾文化』を創造し、またレベルを上げていくということに、強い希望と関心をいだくようになったのである」

陳澄波『嘉義の街はづれ』
（財団法人陳澄波文化基金会提供）

１９２８年、台湾民族運動の高まりを背景として帝展入選をきっかけに台湾美術界に彗星のごとく現れ、「芸術を愛する吾々の心は、吾等の郷土台湾島への殉情（ママ）を強ひるからだ」と語った陳植棋（ちんしょくき）（１９０６―31年）の作品『台湾風景（たいわんふうけい）』をみれば、画面の真ん中にあるのはY字路である。

ぐにゃぐにゃと暗くのびる右側の道に対して、左側のきちんと舗装された道。その左側を堂々と歩いていく子供と、それを見守る日傘をさした母親の姿。日傘は「洋式」の象徴であり、手前には近代風の建物が描かれていて、その向こうには台湾の伝統的な家並みが続いている。若き陳青年はY字路のさきに、どんな未来を夢見ていたろうか。台湾美術界のリーダーとして将来を目された陳植棋。しかし、病を得て26歳という若さで亡くなってしまう。

かつての台湾の若き芸術青年たちの心の躍動を知って真っ先に思いだすのは、今のわたしの周りにいる台湾人の友人たちの顔である。デザインや文学、美術、音楽、映画、あらゆる文化的なベクトルにおいて、台湾カルチャーを生み育もうと日々邁進している彼ら。その萌芽はすでに１００年も前からあった。ではなにが、それらを阻んできたのだろうか。日本時代の美術の現場に立ち会った画家・立石鉄臣はこう分析する。

「美の本源を知るすべである美術館無く、基礎修行を行うべき研究所無きこの地の当然の結果」

50年もの長きにわたって台湾を統治し、「台展」といった大祭典をぶちあげながら、台湾総

陳植棋『台湾風景』
（葉思芬『臺灣美術全集 14　陳植棋』藝術家、1993年より転載）

督府は台湾に美術館、そして美術学校はおろか研究所さえつくることはなかった。美術に対して意識を深める場所がないから、パトロンやマーケットの育ちようもない。台湾人の画家たちはせっかく東京で学んでも、内地ばかりか台湾においても教職としての勤め先はなかった。

そのまま戦後になり、台湾は国民党の統治下となる。

「文人」という文化をもち、書画骨董など文化的知見の深い人の多かった国民党の高官たちによって台湾に持ち込まれたのは中華文化の枠であった。さらに中国では共産党政権によって文化大革命が起こったことで、台湾が中華文化の中心として輝く運命は決定づけられる。だがその一方で、100年前に芽生えた台湾という島に根差した台湾文化への渇望は舞台をうしない、息をひそめるしかなかったのである。

だからだ。思いだした。骨董店KのC社長は、いつも嘆いていた。

「台湾には文化がない」

それは本当に文化がないというより、その価値が認められていないという意味だろう。だからといって、C社長は手をこまねいていたわけではない。清代から戦前を中心に、台湾でうまれた美術品を「台湾文献」としてコレクションしていた。それは原住民族のうつくしい首飾りやトンボ玉から、清朝政府より台湾に送りこまれた官僚や知識人の作品、石川欽一郎、塩月(しおつき)桃甫(とうほ)、立石鉄臣といった台湾で活躍した日本人画家、そして藍蔭鼎(ランインディン)、郭雪湖(グォシュエフー)、林之助(リンヂーヂュ)など多くの台湾人画家たちにまつわる作品など、有名無名にかかわらず多岐にわたった。C社長が亡くなったいまも、それら「台湾文献」のコレクションを観るため、台湾の若き美術研究者たちは日々K店に足を運んでいる。

＊

台北市の辛亥路(シンハイルー)にある第二殯館(ディーアービングァン)で行われたC社長のお葬式は、それはそれは盛大なものだった。李登輝(リーデンフェイ)元総統はじめ、馬英九元総統、王金平(ワンジンピン)（元行政長官）、謝長廷(シェチャンティン)（現駐日大使）など、台湾のいわゆるブルーやグリーンという党派をこえて錚々たる顔ぶれから贈られた垂れ幕が、四方の壁を取り囲んでいたのに眼をみはった。

日本風に青竹でしつらえられた厳かな祭壇のうえに白い花で囲まれたC社長のおだやかな顔。それをみながらわたしは、そういえばC社長がいちばん好きだったのは日清「どん兵衛」のきつねうどんだったなあ、なんてことを思いだしていた。

名前のない通りにいます。

市民大道四段×名のない通り〔鉄道廃線型〕

日本への旅行中にどこにいるかを問われたので「名のない通りと名のない通りの上にいます」と返した、というジョークがイギリスにあるらしい。

そういわれてハッとした。日本の多くの道路には名称がない。グーグルマップが普及していなかったころ、台湾の友人からも「東京にいくと道路の名前がないから不便でしょうがない」と苦情をいわれたことがある。欧米のまちではたいてい「なんちゃらストリート」とか「なんとかアベニュー」といった名前が、道路ごとについている。台北のまちだってそうだ。道幅が大きい順に「路（ルー）」「街（ジェ）」「巷（シャン）」「弄（ノン）」、それに番号がつく。どんな小さな道だって名前があるから、はじめて台北に来た外国人でも迷うことは少ない、旅行者に優しいまちといえるだろう。

しかしここ台北において、はじめて出会ってしまった、名のない道に。

市民大道四段（スーミンダーダオ）にあるY字路（212頁）。右側の道路は湾曲して国父紀念館までのび、その先には市政府や101ビルのある、わりと大きな通りである。

台北市信義区の「信義区歴史沿革」によれば、日本時代の101ビル周辺エリアは日本陸軍の倉庫であった。そしてこの「名のない通り」には当時、倉庫まで物資を運ぶための鉄道が走っていたという。

軍事施設だったせいか、日本時代の総督府による作成の地図でははっきりと確認できずにいたが、1945年のアメリカ軍による台北市地図をみれば、現在の「名のない通り」がそのまま鉄路だったのがわかる。これらの地図が、1945年5月31日に行われた台北大空襲のための指標となったであろうことを考えれば、この倉庫も爆撃を受けたにちがいない。

芋づる式に、この101ビル周辺エリアに昔からあるいろんな噂を思いだす。日本時代に刑場であった／二・二八事件の処刑場で大勢の人が惨殺され無縁墓がたくさんある／とある高級マンション施工の際に地下から麻袋に入った死体がいくつも出てきた……などなど。

1945年米軍作成台北市地図

戦後、山の斜面は中国から渡ってきた寧波出身者による寧波県人会に買い取られて、公共墓地となった。精神病院や結核療養所も建てられ、1980年代の開発計画以前は地価の上がりようのない場所だったといえる。ダークな噂を生むには格好の土地柄だったから、まちの背負う暗い記憶が亡霊と化して人の口にのぼったのだろうか。開発に携わった不動産ディベロッパーもさぞかし頭を悩ませたにちがいない。

　そんなわけで、ランドマークとなった101ビルのデザインは、八卦《バーグァ》（悪い噂）を吹き払うため風水的な意匠を取り入れたとも聞く。結果的に東区《トンチュイ》の開発計画は見事に成功。今やセレブの象徴となったこのエリアには、週末ともなればシャンパングラスから泡がこぼれるように人が集まり、地価も東京の都心部よりずっと高い。

　そんな東区の端っこから始まる「名のない道」も、一部は石畳になり高級感漂うエリアである。

　なのに、名前がない。

　日本でなら驚かないが、台北で出会うとは新鮮だった。他にもあるのだろうか？　長年、個人で台北を流しているというタクシーの運転手さんに「ほかにも名前のない通りってあるかなあ？」と尋ねたら、「思い当たらない」といわれた。

　そして、「新星だったら発見者の名前をつける。お客さんの名前をつけたらいいいんじゃない？」なんていう、洒落た答えがかえってきた。

右側の「名前のない道路」は元鉄路だった

Ⅱ

台湾、Y字路ところどころ。

Y字路の部屋貸します。

❶永寧街37巷×中華路一段63巷〔旧道型〕

新荘

「お部屋貸します。」（套房出租）

大家の主張がこれ以上ないというほど表現されたY字路。ここまでいわれると逆に、

「それほど借り手がつかない部屋なのか？」といぶかしく思う気持ちも湧いてきて、たとえばもし今の今わたしが部屋を探している最中だとしても、「ここはやめておこうかな」というところに落ち着いてしまいそうだ。

ただ、物件の間取りがどうなっているかは非常に興味ぶかい。Y字路右手の壁（建物後方）には、ベランダも、明かり取りの窓さえなさそうなのも気になる。

さて、ここは台北郊外にある新荘（シンチュアン）。

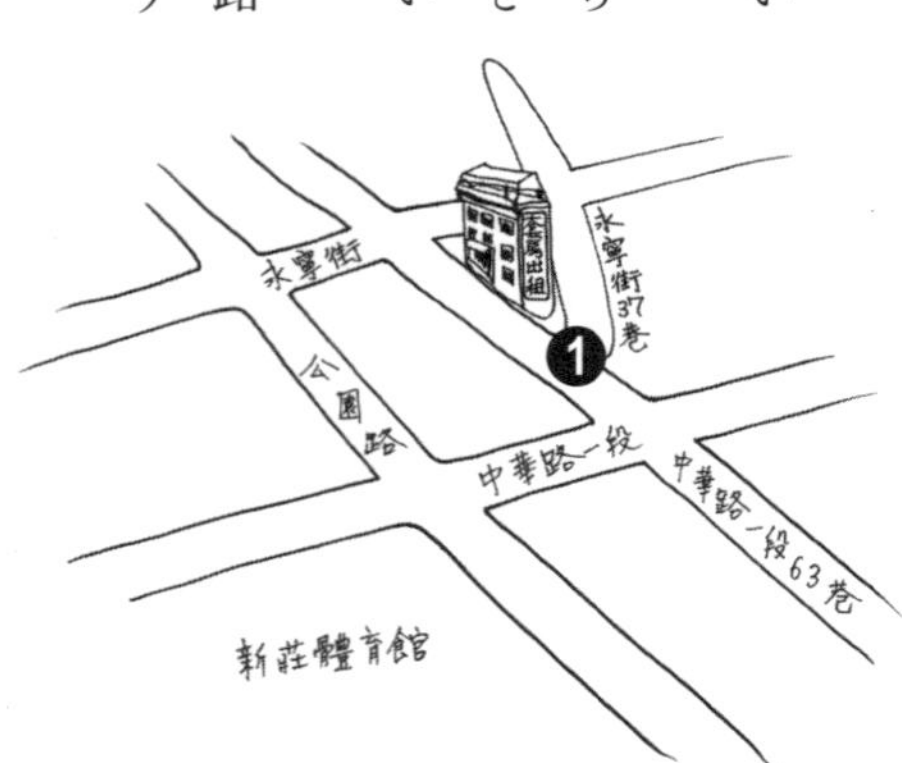

左側道路は清代から残る旧道だった

萬華（ワイファ）から淡水河を渡ると三重区（サンチョンチュイ）、そこから大漢渓（ダーハンシー）に沿って西へと向かえば新荘区に入る。18世紀以前はケタガラン族が暮らしていた地域で武勝灣社（Pulauan）という部落があったが、清代以降は多くの漢人が流入して結婚などで漢化が進み、部落は消滅した。

新荘とは「新興の荘街」という意味で、川沿いという土地の利で水運が栄え、「千隻の船が新荘港に立ち並び、千の家の明かりが灯る」と讃えられたほど、台湾北部でもっとも早く開発された地域のひとつだった。その後、水運の発展は対岸の艋舺（バンカ）へとって代わられるが、清代後期からは鉄道も走り「海山口」という駅および列車の停車場が置かれ、鉄道交通の要所となった。淡水河に続く大漢渓は元の名を「大姑陷河（ターコーハンホー）」といい、タイヤル族の「大水」をあらわす言葉に由来するが、その名の通り、たび重なる川の氾濫のため日本時代以降は鉄道要所の座を板橋（バンチャオ）に譲り、線路跡はそのまま現在の主要幹線道路である「臺一甲線（タイイージャーシェン）」の一部となったのち、周辺のいくつかの地域とともに一大工業地区となる。

この大姑陷という大漢渓の元の名は、日本の近代史を勉強する人のなかでは知られた単語らしい。

日本時代初めの日本軍による台湾制圧の様子を細かく記録した書『征台顛末』（1897年）の「第九章　大姑陷の攻撃」という章には、新荘に向かった日本部隊が三方の山を背にした住民たちから襲撃を受けて30名の負傷兵を出し、残った数人の日本兵が大姑陷河の流れに潜みながら撤退するも、追撃を受けて結局ひとりだけがようやく龍譚（ロンタン）まで命からがら逃げおおせ、部隊の危急を告げたという記録が残っている。

かつての「海山口」の名の通り、水に面し後方を観音山(グァンインシャン)に連なる山に守られた新荘。いまのMRT新荘線に乗って「菜寮(ツァイリャオ)」「頭前荘(トウチェンチュアン)」など台湾語に由来する駅の名前を眺めていると、かつてそのあたりに広がっていたのどかな田園風景が思い起こされるが、地下鉄を下りて地上に出れば面影はすでにない。

それでもY字路に、かすかに残る痕跡がある。

冒頭の大胆な「貸します」Y字路付近の1895年の地図をみてみると、当時の道路とY字路左側の道路（中華路一段63巷）が重なった。この小さな通りが、新荘の中心を走る中華路(ヂョファルー)よりもっと古く、新荘に鉄道が走った時代からこのあたりにあったのだ。両脇に広がっていたのはミカン畑だろうか、それともサトウキビ畑だろうか。観音山を望めば茶畑が広がり、そこには木を焼いて木炭をつくる煙が、幾筋も立ちのぼっていただろうか。

福和橋のフリーマーケット

永和

❶環河東路三段×成功路〔幹線開通型〕

台北市内の公館(ゴングァン)から福和橋(フーハーチャオ)を渡れば、そこは新北市(シンペイシー)の永和区(ヨンハーチュイ)である。

清の時代、比較的早い時期に中国福建地方より台湾へと渡ってきた泉州人(チュエンジョウレン)と後からきた漳州人(ヂャンショウレン)は事あるごとに衝突していた。そのため「永和」という名前は永久的な和平を願って名づけられたという。

かつての生活を想像してみれば、同じく福建に故郷をもちながら地域の違いによって争い、一方では元から台湾に住んでいた原住民族の襲撃におびえながらの暮らしはずいぶん心もとないものだったろう。

台湾のまちには多くの廟(ミャオ)がみられるが、それぞれの成り立ちには、外部からの攻撃を見張る櫓(やぐら)としての機能や、自分の信仰する神様を祀ることで土地争いに勝利したことを示す役割があったという。

清の時代には、台北の大部分を大加蚋堡(タガラポー)といったのに対し、新北市の板橋・中和・永和・土城あたりを指して擺接堡(パイチャプポー)といい、特にこの永

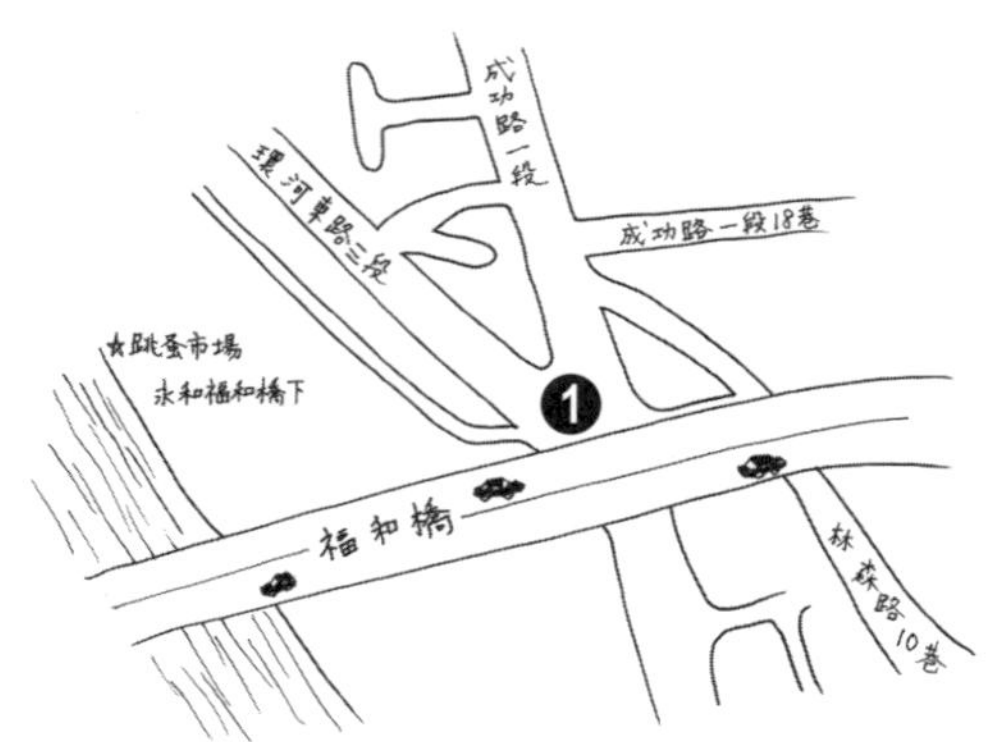

永和には水路の暗渠が多く複雑な地形となっている

和のY字路あたりは秀朗庄(シロンツン)と呼ばれていた。秀朗庄とはもともとこのあたりに住んでいた原住民族・レイラン族秀朗社の名前からとられたもので、早くは17世紀の清代に福建から北投(ベイトウ)に硫黄を採取しにきた郁永河(ヨーユンハー)の台湾見聞録『裨海紀遊(ひかいきゆう)』にその名をみつけることができる。裨海紀遊は、1694年の康熙大地震の液状化現象でできたという康熙台北湖(カンシータイペイフー)（数十平方キロメートルに及ぶ巨大な湖で台北市の大部分が水底に沈んだ）のほとんど唯一の根拠となっているが、その真偽は今も定かではない（湖はあったが、範囲は關渡(グアンドゥ)から社子島(サーズダオ)あたりまでという説が有力）。

2016年2月6日に発生した台湾南部地震以降、台北では液状化リスクの高い地域が相次いで発表され、住民の不安を煽っている。もしこの「台北湖」の史実が本当であれば、台北市内の一部に留まらず液状化の恐れがあることになる。杞憂であるに越したことはないが、300年前に台北でもそれほどに大きな地震が起こったことは、心の備えとして記憶に留めておくべきかもしれない。

このY字路、右側の成功路(ツェンゴンルー)にはかつて水路があった。名前を永豊圳(ヨンフォンジェン)といい、新店(シンディエン)一帯にはところどころ水路のままの姿でいまも残っている。永和の土地はザラついていて大根栽培に適していたためこのあたりには大根畑が広がっていたらしい。日本時代、この成功路を少し進んだところには斜面を利用した水車が回っていたが、その脇では農家のおかみさんたちがあねさん被りで大根を洗っていたのかもしれない。

週末にはこの川岸で「福和橋フリーマーケット」が開かれるが、若者が衣服などを売る天(ティエン)

母（ムー）などの小洒落たフリーマーケットとは根本的に異なり、その泥臭さにおいては大阪・西成区のドヤ街で早朝にたつ通称「泥棒市」を思い起こさせる。西成の泥棒市はその名の通り、違法タバコや違法ビデオ、出どころのわからないガラクタ（恐らく拾ったもの）が露店に並び、盗品もさばかれていると聞いたのはもう20年くらい前だが、もっとも不可解で忘れられない光景は、雀の入った鳥かごとバット一本のみをゴザに並べて売っていたオジサンであった。あのカオスさ加減からすれば、福和橋のフリーマーケットは泥臭いといえども、わりと普通の蚤の市といえるかもしれない。

大阪西成の周辺も再開発でずいぶんと変わってしまったようで、近い将来には星野リゾートが開業するという話もあるが、泥棒市はまだ健在だろうか。

板橋に、お城？

❶府中路×府中路　❷府中路×東門街〔暗渠型〕

板橋

台北の中心を走るMRT板南線。

その板南線を台北駅から龍山寺方面に数駅ほど乗れば、15分もしないうちに到着する板橋はアクセスのいいまちである。板橋といえばまずあげられるのが、通称・林家花園として有名な林本源園邸だろう。

台中の霧峰林家と並んで「天下にふたつの林家あり」と称された板橋林家の邸宅で、現在は文化財として公開されているが、この林家によって台北府城よりも早く板橋に「城」が存在したことは、あまり知られていない。城の名前を枋橋城という。

「枋橋」という名は、17世紀に漢人が開拓民としてやってきて以降、この付近の輸送に際して木板の橋がかけられたことに由来する。日本時代には「板橋」と改められたが、橋がかかっていた公館溝という水路も埋め立てられて今はない。

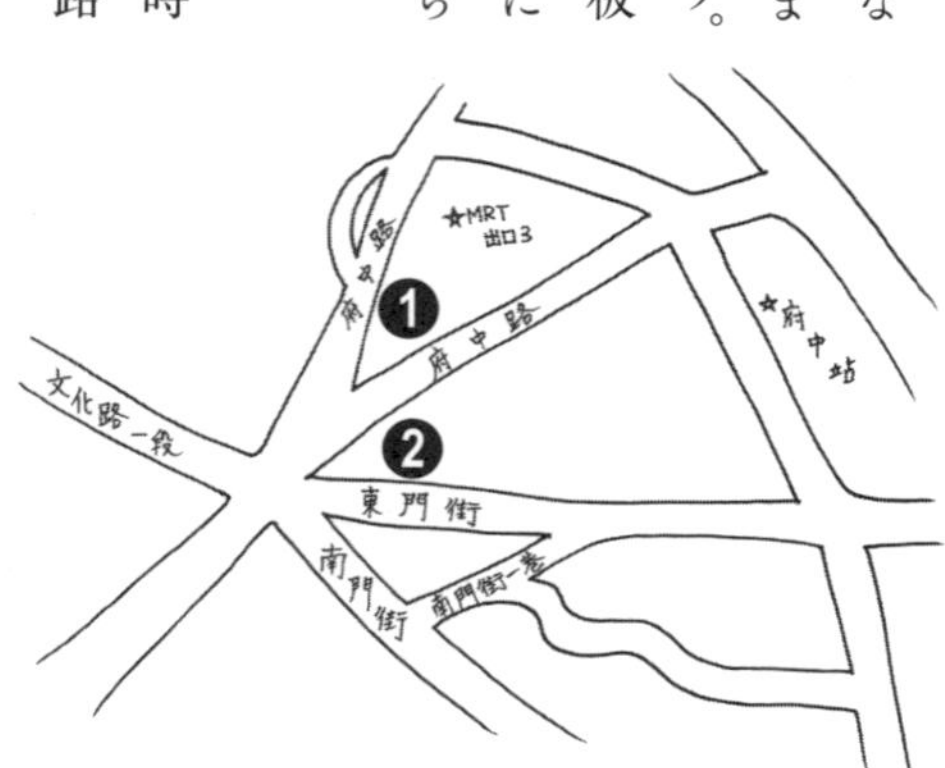

Y字路❶　城があったときから、ここは三角公園のY字路だった

城が建てられたのは1855年、板橋林家が敷地のまわりに城門をめぐらせ防衛を講じたことに始まる。当時は、おなじ中国福建出身の漳州人（チャンジョウレン）と泉州人（チュエンジョウレン）との縄張り争いが激しかったことから、漳州人を始祖とする板橋林家が身に危険を感じての対策だった。城壁の高さは5メートルほど、東・南・西・北・小東門と5つの門があった。ふたつのY字路はその「東門」の入り口にあたり、1903年、日本の総督府の求めにより城壁は撤去された。

「枋橋文化協會」が制作した当時の城の様子を描いた俯瞰図をみると（224頁）、Y字路❶は当時から同じく三角公園だが、Y字路❷の右側の道路に「公館溝」という水路が確認できることから、Y字路❷は公館溝が暗渠となってできたことがわかる。

1898年の地図のなかの枋橋城

当時の城の様子を描いた俯瞰図（枋橋文化協会制作）

面白いのは、この東門からのびる道路は台北市内へと向かい、その先は台北府城の「小南門(シャオナンメン)」につながっていることだ。じつは小南門、漳州人系の板橋林家と敵対する泉州人系の勢力が強い艋舺(バンカ)を避けて、直に台北城内へ入れるようにと、板橋林家みずから資金をだして建てた門である。台北府城に門までつくらせたほどの、板橋林家の財力と権力のほどがうかがえる。

　1919年には、当時の家長であった林熊徴(リンションヂォン)によって華南銀行(ファナンインハン)が創設される。

現在は林熊徴と高賀千智子

Y字路❷　右側は「公館溝」の暗渠

夫人（日本人）との子である林明成（リンミンツェン）が華南銀行董事長を引き継ぎ、2008年のフォーブス長者番付では台湾内で20位にランキングされた。

台湾版白洲次郎ともいえそうな外交官・張超英（チャンチャオイン）の実家は林熊徴と親交が深く、幼かった張は、林の死の前日に一椀ずつの切仔麵（チェカァミー）をともにしたという。かつて台湾一の富豪であった林熊徴が死ぬ前に食べたのが、台湾でもっとも安い切仔麵であったこと。またその死後にはわけのわからない連中に多くの財産を持っていかれたことを踏まえて、張超英は自伝のなかでこんなことを述べている。

「それはわたしの金というものへの見方に深く影響した。金を貯めることの虚しさ、そして金をいかに使うかを知ってこそ人生が有意義なものとなることを、林熊徴の死は教えてくれた」

戯夢人生

三芝

❶芝柏路×晴光街〔高低差型〕

ミントンらしきティーカップを片手に、ジャージ姿で犬を散歩するクールな美女にすれ違い、東京南麻布にでもいるように錯覚したが、空を見上げるとトンビがゆったりと飛んでいて、海が近いことがわかる。

ここは新北市（シンペイシー）の三芝（サンヂー）。

李登輝（リーデンフェイ）元総統の生まれ故郷でもある別荘地だが、30年ほど前から少しずつ芸術家が移り住むようになり、現在は4つの芸術村に画家・彫刻家・陶芸家など多くのアーティストが暮らしている。

ここはそのなかのひとつ、芝柏芸術村（ヂーボーイースーツェン）。中心を走る芝柏路に、知恵の輪を引っ掛けたように走るそれぞれの道路は迎旭街（インシュジェ）（朝日をむかえる通り）、聴濤街（ティンタオジェ）（潮騒の聴こえる通り）、観海街（カンハイジェ）（海のみえる通り）と、思わずわたせせいぞう先生のイラストを思い浮かべてしまいそうな名前だ。そのなかで出会った「トトロのいるY字路」（228頁）。幸福王国（シンフーワングォ）と看

迎旭街
芝柏路
芝柏三街
❶
晴光街
聴濤街

右と左で高低差のあるＹ字路

板があり、どうやらカフェらしい。軒を連ねる各々がめいっぱい自己表現しているのが楽しくて、散歩する足取りが軽くなる。

芸術村の入り口には、「布袋戯（ポテヒ）文物館」がある。布袋戯の名手である李天祿（リーティエンルー）の博物館だ。侯孝賢（ホウシャウシェン）監督作品の常連でもある李天祿だが、特にその半生を描いた『戯夢人生（シーモンレンシェン）』（監督：侯孝賢／脚本：呉念真（ウーニエンチェン）・朱天文（チュティエンウェン）／1993年）を抜きには語れないだろう。

幼いころから祖父の家で芸を仕込まれ、継母につらい仕打ちを受けた少年時代。成長して劇団を持つものの、日中戦争の開始と皇民化運動のあおりを受け、伝統的な衣装や台湾語での上演が禁止された時代。疎開に行った先で終戦を聞いて台北に戻ったときの全財産はわずか5銭で、戦後の混乱のなかマラリア

三芝観海街にあったトトロのいるY字路

で息子をうしなう。

日本が台湾を植民地とした50年間から『悲情城市（ベイチンチォンシー）』で描かれた二・二八事件の時期につながるまでの台湾人の姿を、ひとりの人形遣いを通して抒情ゆたかに表現し、カンヌ映画祭では審査員賞を受賞、黒澤明監督をして傑作といわしめた。

小津安二郎を思わせる固定された画面のなかで、生まれては消えてゆく生活模様はまるで、小さな舞台で上演される布袋戯を観ているようだ。布袋戯の舞台装置の裏方がカーテンに隠れてみえないのと同じく、壁に遮られたり暗かったりで画面に映らない部分に真の生活は隠れている。あとからふりかえって「歴史」として浮かんでみえてくるものは、事実のほんの一部でしかないことを、映画は如実に語る。

日本時代にうまれて戦後の混乱を生きぬき、国宝級の人形遣いとなった李天祿にとっての悲願が、ここ三芝での博物館設立だった。１９９６年、ついに博物館は開幕するが、そのすぐ2年後に心臓発作で李天祿はこの世を去る。享年88歳。

映画のなかで、ナレーションの李天祿の手には紫煙をくゆらせるタバコが常にはさまれている。全編において線香や爆竹・火葬の煙・炊飯の湯気として姿を変えながら立ちあらわれる「煙」をみていて、浮かんできたのは『徒然草』のこんな一節だった。


あだし野の露消ゆる時なく、鳥部山の煙立ち去らでのみ住み果つる習ひならば、いかにもののあはれもなからん。

Y字路のあたまとしっぽ

❶清水街×秀川街　❷清水街×秀川街〔不明〕

三峡

カラフルな落書き（ストリートアートと呼ぶべきか？）が施されているが1階部分で何を描きたかったのかわりと意図不明のY字路の前で、黒い犬が猛烈にゴロンゴロンしている。背中が痒くて仕方ないんだろう、気の毒に。黒い犬から目を左に移動すると、柳の揺れる向こうに大きな川と広い空が広がっている。

三峡（サンシア）は、日本時代の呼び名三角湧（サンカッキン）というそのままに、3本の川に囲まれた水のゆたかな土地である。藍染めの原料となる馬藍（マーラン）の生育に適し、染め上がった布をあらう清水に恵まれ、かつ水運の便が良かったこともあり、かつては台湾藍染めの中心地として栄えた。完成した藍染めの布は、一方は近隣の苗栗（ミャオリー）・新竹（シンジュ）の客家（クージャー）の村へ、また一方は船に積まれて川をくだり台北艋舺（バンカ）の港からとおく厦門（アモイ）や上海へと運ばれたという。その後、化学染料に駆逐され1900年をピークに衰退してしまった三峡

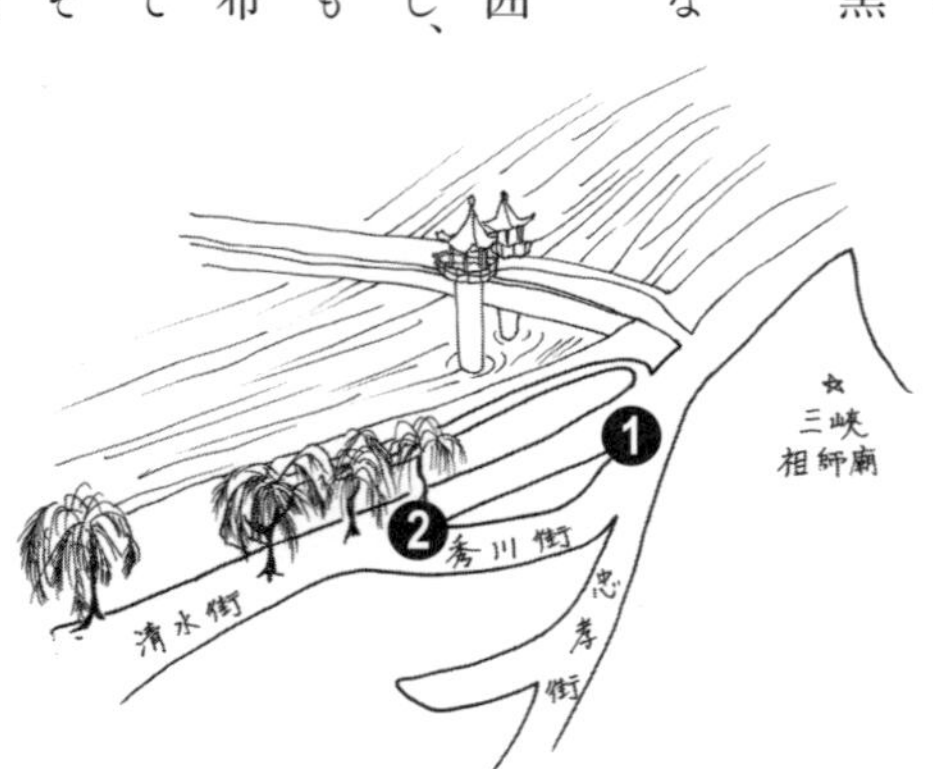

カラフルなストリートアートのＹ字路❶

三峡老街入り口のＹ字路

の藍染め産業だが、近年は地元の人々が文化遺産としての復興に力を注いでいる。

藍染めの他にも茶文化や、地元出身の芸術家・李梅樹（リーメイスー）が監督し台湾版サグラダ・ファミリアとの呼び声も高い祖師廟（ズーシーミャオ）に代表される彫刻など、多様な文化的素地を三峡はもっている。それを証拠に、台湾ローカルの物語や文化に特化したインディーズ雑誌の草分け『CAN～甘樂誌』を出版する社会企業の甘樂文創（ガンラーウェンチュアン）をはじめ、現代アートクラフト専門のギャラリーが次々とオープンするなど、訪れるたびに新たな発見があって楽しみな場所だ。

最初のストリートアートなY字路を進むと、ふたたびY字路になって終わった。夕方のこの時間に閉まっているということは、「活力の屋」は朝ご飯屋なのだろう。

Y字路を進むとY字路❷で終わっていた

台湾の見世物小屋・日本の見世物小屋

内湾

❶中正路〔高低差型〕

建設を始めたのが、太平洋戦争の終わる前年だったという。資材不足で中止となった新竹（シンジュ）―横山郷（ホンシャンシャン）の線路は、戦後にふたたび中華民国の交通部鉄道局によって開業され、内湾線（ネイワンシェン）と名がついた。

ここはその内湾線の終着駅・内湾老街（ネイワンラオジェ）のY字路（234頁）で、右側にみえるのは日本時代につくられた木造建築の内湾戯院（ネイワンシーユエン）。山で働く労働者のための娯楽施設として建てられた映画館である。木材や鉱石が豊富に産出された尖石山（ジェンシーシャン）へと続く主要道路のうえに位置した内湾老街は、1950年代をピークに栄え、林業の衰退とともに賑わいは過去のものとなる。現在は、住民の多くを占める客家（クージャー）系の文化が人気の観光地となり、映画館も客家料理レストランとして営業している。

このY字路の中心にデカデカと目立っているアルビノの魚の広告は、坂道を上ったところにある幻多奇另類博物館（ファンドゥオジーリンレイボーウーグァン）の看板である。

Ｙ字路右側に日本時代の映画館内湾戯院がある

この博物館では、大蛇の抜け殻とか干し首とか動物の剥製とかちょっと変なものがいろいろと観られるが、日本人としては、かつて日本の観光地ならどこにでもあった秘宝館を思いださずにはいられない。秘宝館は、性風俗にまつわるいろんなイカガワシイものが見世物小屋的に飾ってある、英語でいうところのerotic museumと呼ばれる娯楽施設で、1960〜80年代にかけて日本では絶大な人気を博した。現在はその多くが閉館してしまったけれど、当時は新婚旅行や会社の団体旅行でこぞって出かけたというのだから、ノーテンキな時代だったのだと思う。台湾にも秘宝館ってあったのだろうか？

見世物小屋といえば2013年に国民的ヒットを飛ばした映画『祝宴！シェフ』を撮った陳玉勲（チェンユーシュン）監督の長編デビュー作『熱帯

魚』（1994年）のなかに出てきた蛇女を思いだす。似たようなものは日本にもあって、京都の八坂神社では1990年代まで、桜の季節になるときまって見世物小屋が掛かっていた。おハルさんという名物のお婆さんがいて、太い鎖を鼻から入れて口から出したり、蛇を呑んだりしていた。それからも桜は毎年変わらず咲くが、おハル婆さんがいた見世物小屋のある風景をみることはない。最後にみかけたのがいつだったかも、もう、思いだせない。

台南一の肉まん

台南

❶ 友愛街×青年路〔不明〕

清の時代には台湾の中心として発展した台南(タイナン)。まちを歩けばあちこちで古跡や老舗に出会うので、台湾の京都と呼ばれるのもうなずける。

はじめて台南を旅したときにちょうど、台南の名家出身でNHK「きょうの料理」などでも活躍した料理研究家・辛永清(シンヨンチン)さん(1933―2002年)のエッセイ『安閑園の食卓』を読んでいて、こんなくだりに出くわした。

「私のいちばん好きだったおやつは『萬川』のお饅頭なのだが、しょっちゅう食べさせてもらえるものではない」

辛さんの小さいころはまちに宝石屋などなく、年に2、3回ほど纏足(てんそく)のおばあさんが宝石の詰まった箱をよいしょよいしょと背負って訪ねてくるのが常だったという。子供心にもその訪問は嬉しいもので、というのも宝石売りのおばあさんがくるときには決まっていつもより豪華な

左角に「萬川」のあるＹ字路

おやつ、たとえば大好きな肉まんなどが待っていたからだ。

　裕福な家々をまわっていたおばあさんが持っていたのは宝石だけではなく、よその家の噂や縁談もついていたというから、おばあさんの訪問時には各家庭きっと相当な気合いを入れたに違いない。

「『萬川』は餃子と肉饅頭を作っている店で、ことに肉饅頭は台南一といっていいぐらいのものだった。『萬川』の肉饅頭と『萬川』の隣の店で売っている鴨の手羽先を煮込んだものでお茶にするのが、私にとって、最高の豪華なおやつというわけである」

　これを読んでネットで検索してみると、果たして「肉饅頭を売る萬川」はまだあった。居ても立ってもいられなくなり、孔子廟を見学した足で、その前の友愛街（ヨーアイジェ）を「萬川」目指してまっすぐ進んだ。そして、友愛街が民権路（ミンチュエンルー）・青年路（チンニエンルー）と交わるY字路に、店はあった。

肉まんも野菜まんも、台北では食べたことのない味だった。野菜まんは、しいたけやきくらげ、人参、タロイモやクワイがたっぷり入った繊細な味わいがある。店内はひろびろとして清潔で、清浄な空気が京都の和菓子屋さんやお香屋さんを思わせた。向かいには、ドライフルーツを使ったかき氷のお店。どのお店も老舗の雰囲気を漂わせ、とびきり美味しそうに見える。

せいろの中で湯気をたてる萬川の肉まん

それもそのはず、このあたりは日本時代に高砂町と呼ばれ、裕福な台湾人（本島人）が暮らすエリアだった。

作家で実業家の邱永漢（Qさん）も高砂町の生まれで、実家は食道楽で有名だったという。直木賞作家というよりも、金儲けの神様と呼ばれむしろ財テクのほうが有名なQさんだが、わたしが一番好きなのはやっぱり食に関するエッセイで、『食は広州にあり』も『象牙の箸』も素晴らしいと思う。

Qさん御本人が食通という以外に、奥様も料理研究家で、実の姉の臼田素娥（うすだそが）さんとその娘さんも料理研究家である。

辛永清さん含め、日本で活躍する食のプロが幾人も台南から生まれているのは偶然ではないと思う。美食のまち・台南の面目躍如といったところだろう。

さて邱永漢さんだが、若いころは台湾独立運動に身を投じて香港に亡命した経歴をもつことは、今やあまり知られていない。1956年に出版された小説『密入国者の手記』のモデルとなった言語学者の王育徳（ワンユィダー）氏は、Qさんの旧制台北高校の同級生で同じく東京帝大に進んだ友人で、台湾独立運動の重要なリーダーのひとりでもあった。2018年に台南市内に開幕した王育徳記念館は、非常に見応えがあるので台南を訪れた際にはぜひとも訪れてほしい場所だ。

ちなみにこのY字路がある民権路一段あたり、前・台南市長の張燦鍙（チャンツァンフー）氏や前・立法委員の王幸男（ワンシンナン）氏など台湾独立運動の志士たちが生まれた場所でもあり、台独街（タイドゥジェ）の別名も持つ。

台湾独立を支持する土地柄というイメージの強い台南だが、その原点は自分たちの暮らしを愛するところから始まっているのかもしれないな。

台南のまちを歩きながらそんなふうに考えた。

ラブのリバー

高雄

❶市中一路×光復二街〔不明〕

高雄（ガオション）に旅行した際に泊まった愛河（アイホー）沿いの、アンバサダーホテル裏にみつけたY字路。

「富貴功名天主賜福」
「慶迎戸人掌召主恩」

付近を散歩していると、こんな文句の春聯（チュンリエン）（春節に門に貼る赤い紙）に出くわした。一般的な春聯とはいささか趣きが異なるようだ。それ以外にも、通りのいたるところ、看板や張り紙に「主」とか「恩」「天」「愛」の字がみえる。

それもそのはず、写真のY字路の左側奥には台湾で一番最初に建造された教会「玫瑰聖母聖殿司教座堂（メイグェイションムーションディエンスージャオズゥオタン）」（日本語でいえば「薔薇の

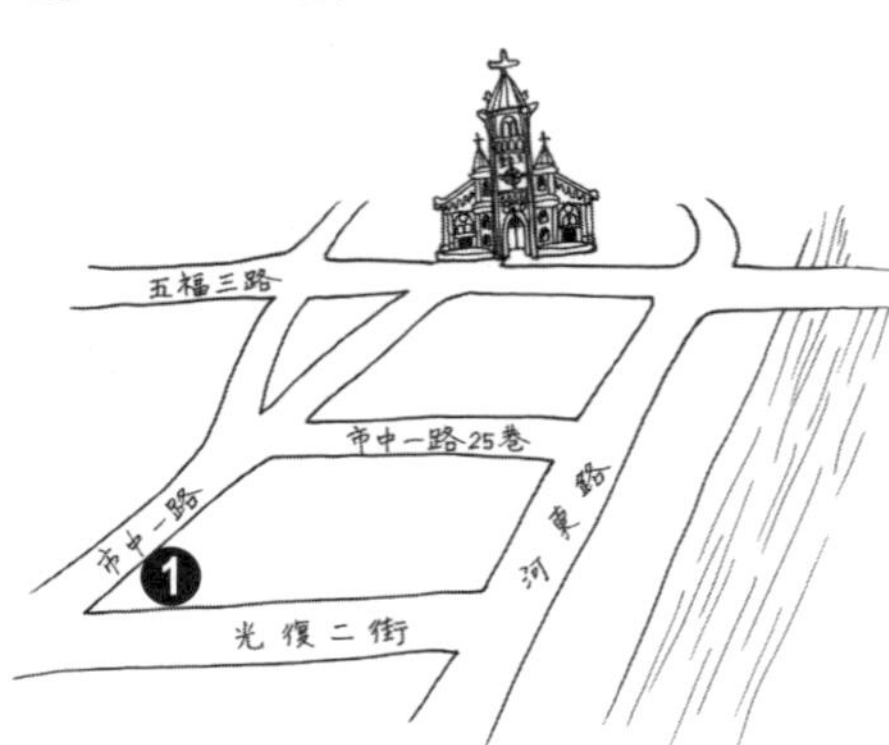

左奥にうつくしい「バラの教会」がみえる

教会」）がある。つまりここは、台湾カトリック発祥の地なのだ。1860年、高雄がまだ打狗（ダーゴウ）と呼ばれていたころの話である。

日本時代に似た発音をもつ「高雄（たかお）」に改名されて今にいたる古い地名・打狗だが、かつて高雄一帯に暮らしていた原住民族マカタオ族の「竹林」を表わす言葉「Takau」がもとになって漢字があてられたという説を唱えたのは、柳田国男の『遠野物語』の成立に影響を与え、台湾原住民族の研究に大きな足跡を残した人類学者・民俗学者の伊能嘉矩（いのうかのり）だった。

アンバサダーの上階から愛河を見下ろしながら考える。日本時代には「高雄川」と呼ばれた。それが今はなぜ愛河なんてロマンチックな名前で呼ばれるようになったのだろう？

キリスト教に関連する文字のみえる春聯

こんな説がある。1948年の台風で高雄川にあった愛河遊船所の看板の「遊船所」という文字が吹き飛んでしまった。ほどなくして、同じく高雄川で心中事件が発生。その報道写真のなかに看板の「愛河」の文字がドラマチックに映りこんだことから愛河という呼び名が大流行し、その後定着したというのだ。この話を読んで連想したのは、愛欲のすえに情人を殺して局部を切り取った毒婦・阿部定（あべさだ）を題材にとった映画『愛のコリーダ』である、って単に「愛河＝Love River」という響きが似てるだけかもしれないが。

薔薇の教会に、愛（ラブ）の川（リバー）。港町ということも相まって、なんとはなしにロマンスを感じさせる、高雄はそんなまちだ。

あとがき

——台湾というミルクレープをY字型に切り出してみれば。

Y字路の定義とはなんだろう。

まずは言葉どおり「Y」のかたちをした三叉路のことであるだろう。

この言葉を発明したのが、わたしの敬愛するアーティストの横尾忠則氏ということも自明である。横尾氏の代表作「Y字路シリーズ」は、氏の故郷のY字路風景を起点として、さまざまなY字路風景に過去・現在・未来・空想・現実の表象を描きこんだ、魅惑的な絵画シリーズだ。絵画だけでなく、雑誌『東京人』で連載された写真シリーズもある。わたしが本書を上梓できたのも、Y字路という概念を生み育てた横尾氏のおかげなので、まずは横尾忠則さんに心からの感謝と尊敬の念をおくりたいと思う。

*

インターネットで検索するとY字路を愛好する人は少なくなく、それぞれに自分のルールを持っているようだ。鋭角30度以下であるとか、左右が同じ太さの道路であるとか、大きな道路は含まないとか。さらには左右の高低差があるY字路に注目する例もあった。

わたしの場合はそこまで厳密ではない。三叉路、またはそれ以上の交差する道路で角度が鋭角である、それだけだ。だから幹線道路沿いに斜めに切り込んだ細い道もY字路だし、ニューヨークのタイムズスクエアや渋谷の109ビル前もY字路だ。本書ではおよそ50箇所のY字路をとりあげているが、今まで採集した（写真におさめた）台湾のY字路は150箇所以上になる。

わたしにとって、台湾のY字路は地層のように重なった履歴の断面図である。たとえてみれば、台湾というミルクレープをY字型に切り出したら、内側からは古く原住民族が暮らしていた時代から、大航海時代、清朝の時代、日本時代、そして戦後の国民党独裁時代、民主化された現代といったレイヤーがクレープ生地や生クリームとなって幾重もみえてくる、そんな感じである。クレープ層のあいだには、うつくしく輝く多様な南国の果実が顔をのぞかせ、すこぶる豊かで魅力的だ。そして時に暗くかなしい味もする。ともすればその時々の世相にあわせて歴史が都合よく塗り替えられる世界で生きるわたしに、忘却にあらがう術をおしえてくれる貴重な糧でもある。

*

本書は、2017年に台湾で出版された『在台灣尋找Y字路』を大幅に改稿し、日本オリジナル版として出版するものだが、コラムなど一部は原型に近いことから、台湾での出版時にお世話になった方々にもこの場を借りて御礼を申し上げる。また台湾をめぐるさまざまな思索は、家族をはじめとする台湾の友人たち、そして多くの先達が残してくれた文献や資料のおかげでもある。あらためて感謝したい。

本書の企画段階から並走してくださったのは、図書出版ヘウレーカの大野祐子氏と森本直樹氏である。森本氏は、遠距離にもかかわらず辛抱づよく校正のみならず細かい構成や装丁やイラストレイアウトまでわたしの意見を最大限に尊重してくれ、どんなときも的確で最善の解決方法を示してくださった。感謝の言葉が尽きない。

最後に、いつも寄り添って応援してくれる大切な方々へ、あたらしい本を届けられることが何より嬉しい。本当にありがとう。

2019年9月29日

嵐のちかづく台北にて　栖来ひかり

主な資料・参考文献

◎資料提供
中研院人社中心GIS專題中心「臺北市百年歴史地圖」
枋橋文化協會

◎参考文献

赤松美和子・若松大祐編著『台湾を知るための60章』明石書店、2016年
水瓶子『台北慢歩』玉山社、2018年
辛永清『安閑園の食卓——私の台南物語』集英社文庫、2010年
東山彰良『流』講談社、2015年
趙莒玲『台北城的故事』知青頻道出版、1993年
張超英（口述）、陳柔縉（執筆）『宮前町九十番地』時報出版、2006年
韓良露『台北回味』有鹿文化、2014年
李宗信『瑠公大圳』玉山社、2014年
児玉識『上山満之進の思想と行動』海鳥社、2016年
謝敏初『平凡人生』晨星、2001年
杉本清『置石考——プライベートとパブリックの境界領域に見る生活風景』OUKA、2013年
寮美千子『あふれでたのはやさしさだった——奈良少年刑務所　絵本と詩の教室』西日本出版社、2018年
坂野徳隆『風刺漫画で読み解く　日本統治下の台湾』平凡社新書、2012年
黒川創編『〈外地〉の日本語文学選　南方・南洋／台湾』新宿書房、1996年
黄春明他著、山口守編『鹿港からきた男』国書刊行会、2001年
邱函妮『灣生、風土、立石鐵臣』雄獅美術、2004年
五十殿利治編『「帝国」と美術——一九三〇年代日本の対外美術戦略』国書刊行会、2010年
吉村生、髙山英男『暗渠マニアック！』柏書房、2015年
皆川典久『凹凸を楽しむ　東京「スリバチ」地形散歩』洋泉社、2012年
劉明修『台湾統治と阿片問題』山川出版社、1983年

著者紹介

栖来ひかり（すみき・ひかり）

文・イラストレーション

文筆家・道草者。1976年うまれ、山口県出身。京都市立芸術大学美術学部卒、2006年より台湾在住。台湾に暮らす日々、旅のごとく、新鮮なまなざしを持って失われていく風景や忘れられた記憶を見つめ、重層的な台湾の魅力をつたえる。著書に『在台灣尋找Y字路／台湾、Y字路さがし。』（玉山社、2017年）、『山口、西京都的古城之美：走入日本與台灣交錯的時空之旅』（幸福文化、2018年）、『台湾と山口をつなぐ旅』（西日本出版社、2018年）、挿絵やイラストも手掛ける。

時をかける台湾Y字路

記憶のワンダーランドへようこそ

2019年10月31日　初版第1刷発行

著　者　栖来ひかり

発行者　大野祐子

発行所　合同会社 ヘウレーカ

http://heureka-books.com

〒180-0002　東京都武蔵野市吉祥寺東町2-43-11

TEL：0422-77-4368

FAX：0422-77-4368

ブックデザイン　國枝達也

印刷・製本　精文堂印刷株式会社

ISBN 978-4-909753-05-2　C 0022

落丁・乱丁本はお取り替えいたします。定価はカバーに表示してあります。